つかむだけ!

みるみるお腹が凹む
きくち体操

「きくち体操」創始者
菊池和子

宝島社

はじめに

お腹が凹むと体の中から元気がわいてきます

はじめに

お腹を凹ますということは、「お腹に意識を向ける」ということです。
それだけでお腹がよみがえり、お腹の動きが活発になり、
病気になることを防ぎ、体中に力がついてきます。
内臓が本来持っている仕事ができるようになることで、
体の中から健康で美しくなるということです。
当然、見かけも美しくなるということです。
ダイエット目的やメタボ対策としてはじめる方も
お腹が凹み、全身に力がついてくることで、
体の中から元気がわいてきて驚きますよ。

「きくち体操」創始者 **菊池和子**

つかむだけ!
みるみるお腹が凹む
きくち体操

目次

はじめに
お腹が凹むと体の中から元気がわいてきます……2

お腹が凹むきくち体操の基本を知ろう!……9

つらい腹筋運動はいらない
きくち体操でぽっこりお腹にサヨナラ♪……10

つかむだけでお腹が凹む理由とは？……12

お腹をチェック
あなたのお腹は大丈夫？……20

自分のお腹を横から見てみよう！……23

お腹を凹ませたいと思うなら
知っておきたいお腹の中身……24

COLUMN
45年におよぶ体型調査でわかった！
ほっておくとお腹は太っていく!!……28

さあ実践！お腹が凹むきくち体操……31

お腹が凹む！ きくち体操
効果を上げるポイントはこの5つ……32

さあ！本番
お腹が凹むきくち体操……35

PART1
お腹をつかむ……36

胃のあたりをつかむ……40

下腹をつかむ……42

わき腹をつかむ……44
お腹の後ろをつかむ……46
腰やひざに痛みがある人に
意識を向けさえすれば、寝た姿勢でもOK！……48
COLUMN
よくかんで食べるだけで、内臓からお腹が凹む！……52
PART2
お腹につながる筋肉を動かす……54
肩甲骨を下げる……58
腕を大きく回す……62
立って体をねじる……66
寝て体をねじる……70
ここがポイント！
〝お腹を引く〟には、まずおしり！……74

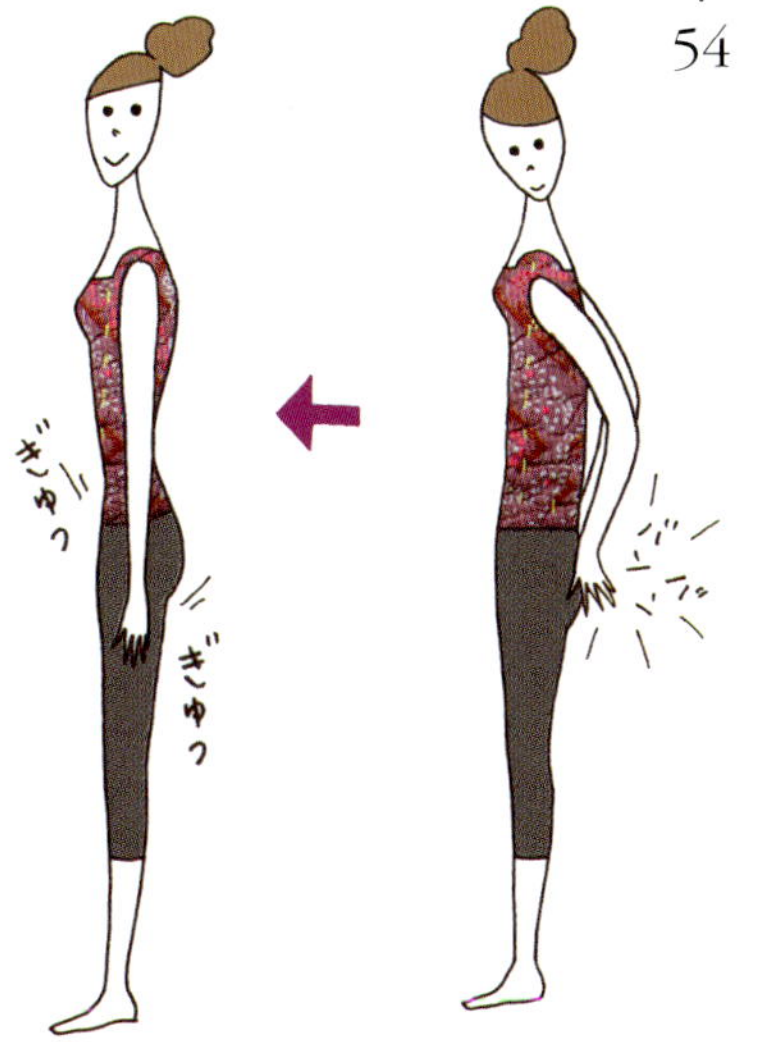

COLUMN
お腹をかくす洋服を選んでいませんか？……78

PART3
おしりを意識する……80

信号を待ちながら……84
電車やバスで座りながら……88
散歩をしながら……92
テレビを見ながら……96
新聞を読みながら……98

おわりに
お腹を凹ますには、
まず自分の体を知ることです……100

お腹が凹む
きくち体操の
基本を知ろう！

つらい腹筋運動はいらない!

きくち体操でぽっこりお腹にサヨナラ♪

おなか駅
あら!
こんにちは
こんにちは
えーっと?
誰だっけ……
私よ! 腹田《はらだ》よ!
やだーっ
あっ
いつもと感じがちがうから
わからなかった
?何がちがうんだろう?
ふふふっ
お腹が凹んだから
嬉しくって♪
昔の服を着てみたの!
お、お腹が
凹んだ〜!?
うそーっ!
絶食?
エステ?
なんで?
ジム?
ちょっと お茶
飲みましょっ!!
まるで20代の
お腹!
ほんと、細いわ〜〜
キョロキョロ
ジロジロ
ちがいすぎ〜〜

いったい何したの？
教えて！
知りたい！
それがカンタンなのよ～
お腹をつかんだりねじったり。腕をまわしたり。
すぐにできることばかりだったよ～!!
ツライのはまるでなし！
え～本当にそれだけ？
もったいぶらないで～
信じられない
きくち体操の菊池和子先生よ
本当です！
お腹をつかむだけでズボンがゆるゆるになりますよ。つらい腹筋運動はいらないわよ！
立っているときや座っているときにできる"ながらお腹やせ"もありますよ。
お腹が凹んだらおしりが上がってスタイルもよくなったのよ
ぷりっ
脚長～い
すごいでしょ？
私にもできそう♪
続けられそうな予感♥
ここじゃなんだからウチでやってみない？
行く！
やる！
かんた～ん♪
むぎゅっ
腹田さんのお腹を目指してがんばるね～！

つかむだけでお腹が凹む理由とは？

意識してつかむだけで〝お腹が凹む〟

この本では、あお向けに寝て上体を起こす、いわゆる腹筋運動をしません。行うのは、意識をして、お腹をしっかりつかむこと。意識をしてお腹につながる腕を大きく回し、上体をねじること、そして、日常の中でお腹に意識を向けていることだけです。

たったこれだけですが、「お腹に意識を向ける」ことで効果は抜群！

つかむだけでお腹が凹む理由とは？

先日もきくち体操の授業で生徒さんたちにお腹じゅうを両手で〝むぎゅーっ〟とつかんでもらいました。ただお腹に意識を向けてお腹を手でつかんだだけですよ。それなのに、ぽよんぽよんだったお腹が帰りにはぺしゃんと平らになったり、ぴったりだったズボンがぶかぶかになったり、便秘が解消したりしたのです。その効果の大きさに私もビックリしました。

どうしてお腹を手でつかむだけでお腹が凹むの？と思う方がいるでしょう。目で見て「お腹が出ていて嫌だわ」と思うのと、手でさわって「こんなに出てる！」と思うのでは、脳に伝わる刺激がまるで違います。ただ眺めているうちは、自分の体ではあっても感覚としてとらえられないと他人のお腹のようなもの。でも、自分の手でつかむと「あっ！　こんなに脂肪がついている。なんとかしなくちゃ」とはっきりと自覚することができます。この差が大きいのです。

きくち体操では「体と脳をつなぐ」という言い方をしますが、自分の体の状態を脳が感じとることができればよくしていけるのです。

たとえば、お腹をつかんで今の状態がどうなっているのかを感じとることができると、あなたはその状態を少しでもよくしようと思って動かす。そういう意識で動かすとき、あなたのお腹の筋肉はその筋肉の本来の役割を果たそうとするのです。あなたの内臓を守ったり、あなたを支えたりしていくためのしなやかな強い筋肉が育つのです。

もし、自分のお腹の状態さえわからずに、やみくもに腹筋運動をしていたら筋肉を鍛えることはできるかもしれませんが、生きるための役割を果たす筋肉を育てることにはなりません。

お腹を鍛えなくてもお腹が凹んでいく!

内臓がぎゅっと詰め込まれたお腹は、上体の半分を占めています。そして縦、横、斜めなど、複雑にいろいろな方向に走る筋肉で内臓を守っています。前側の筋肉はお腹から胸、肩、腕、手のひらへとつながり、後ろ側の筋肉はお腹から腰、背中、肩、腕、手の甲へとつながっています。この

順に手であなたの体をさわって、つながりを実感してみてください。お腹の筋肉がつながっているのは上半身だけではありません。下半身の前側の筋肉はお腹からもも、すね、足首を通って足先まで、後ろ側の筋肉はおしり、もも、ふくらはぎ、アキレス腱を通って足の裏へとつながっています。お腹が本当に大切だからこそ、お腹を直接動かさなくても手足を動かすことで、お腹の筋肉が育つようにつくられているのです。

ですから一般的な〝腹筋運動〟をしなくても、お腹に意識を向けて肩甲骨《けんこうこつ》を動かしたり、腕を回したり、体をねじったりするだけで十分にお腹の筋肉が育ってお腹は凹みます。

お腹が出ているということは、お腹に対して無意識だったということです。おしりやもも、背中、腕など、お腹につながる筋肉がそのために弱ってしまったということです。体の中でお腹だけが弱るなどということはありません。ただ、お腹はほかの部分に比べて気づきやすいので、大事にいたる前におおむね守ることができていると思います。メタボ検診などはその典型です。

お腹に意識を向けて腕を回したり、上体を動かしたりすると、お腹につながっている筋肉をすみからすみまで使うことができますよ。ですから、お腹が凹むだけでなく、体じゅうの細胞が生き生きと元気になります。腕や背中やおしりや、腰の脂肪だってしなやかな筋肉に変わっていきます。

スポーツ選手は、腹筋、背筋、臀筋《でんきん》など部位別に筋肉を鍛えることが多いと思いますが、きくち体操でお腹を凹ます方法はその逆！〝体を丸ごとでひとつ〟ととらえているので、お腹を凹ますためには、体じゅうの筋肉を総動員するのです。お腹につながるどの筋肉も弱らせないように、意識を向けて動かします。その結果、お腹が凹むのです。

筋肉はあなたが育てたいように育つ

筋肉はあなたの動かす目的に沿った育ち方をします。それはスポーツ選手を例にとって考えてみるとよくわかります。マラソンの選手、水泳の選手、お相撲さん、それぞれの体型を見ると、その競技の目的に合った筋肉が鍛えられていますよね。私たちも、私たちが生活してきたとおりの体型になっているのです。

今のあなたの体の状態はこれまであなたが生きてきたとおりの結果です。弱ってあぶら身がいっぱいのお腹も、あなたがそのようにしてきたのです。たとえ無意識であったにしても、です。

でも、がっかりしないでください。筋肉は目的に沿った育ち方をするのです。あなたが健康でどこも痛めることなく生きたいと思ったら、そうなるように意識して生活していけばいいのです。その生き方が「きくち体操」です。あなたがお腹の筋肉を弱らせてあぶら身をつけたのだから、あなたがあぶら身をなくせばいいのです。あなたにしかあなたのあぶら身をなくすことはできないのです。

さあ、これまでまるで他人のお腹のようにほったらかしにしていた自分のお腹に意識を向けて、動かしてみましょう。お腹の筋肉が本来の役割を担ってきちんと働き出すと、内臓が生き返り、お腹が凹んで外見が美しくなることはもちろん、自分に自信が持てるようになり、心も安定してきますよ。

お腹に意識を向けて立つ——これを続けるだけでお腹がぺしゃっと凹みます

Kazuko Kikuchi

日本女子体育短期大学卒業。体育教師を経て「きくち体操」を創始、川崎を本部に東京・神奈川などの教室のほか、カルチャースクールなどで指導を行う。『奇跡のきくち体操』（講談社＋α文庫）、『指の魔法』（集英社インターナショナル）、『死ぬまで歩ける足腰は「らくスクワット」で作りなさい』、『物忘れ・認知症を撃退！ 脳がよみがえる きくち体操』（ともに宝島社）など著書多数。

お腹をチェック

あなたのお腹は大丈夫？

1 胸よりお腹が出ている

若い頃のお腹はまっ平らで、前に出ているのは胸だけでしたよね？　今、その場で下を向いてみてください。見えるのは胸だけですか？　それとも胸の先にお腹が見えますか？　胸よりも前にお腹が出ていたらお腹からずいぶん気持ちが離れていた証拠ですよ。

2

ウエストがゴムの服を選びがち

「ちょっと太っても着られるし、いっぱい食べても苦しくない♪」と、ウエストにゴムが入っている服を選んでいたら要注意！　いくらでも伸びるゴムに甘えて、お腹は出放題になってしまいます。「もうお腹に脂肪をため込まない！」と覚悟を決めて、ぴったりサイズの服を選んでください。要は意識の問題です。

3

便秘しやすくなった

便秘や下痢はほとんどの場合、腸が弱っておきています。

まずは食事の内容を見直して、腸がしっかり働ける食物を食べてください。そして、お腹に意識を向けて、しっかりつかんだり動かしたりすれば改善していきますよ。

4

腰痛や ひざ痛がある

腰が痛ければ腰が悪い、ひざが痛ければひざが悪いと思いがちですが、腰やひざが痛むのはお腹の筋肉が弱っている場合が多いのです。お腹は体じゅうの筋肉とつながっています。お腹の筋肉が弱ってしまうと、腰やひざ周辺の筋肉も衰えてしまうのです。お腹が凹むと腰やひざの痛みも消えてなくなりますよ。

5

背中が 丸まってきた

お腹の筋肉が前側から背骨を支えています。お腹の筋肉が弱ると支える力が弱って、背中が丸くなってきます。

お腹の筋肉に力をつけると、姿勢がよくなって立ち姿まで美しくなります。

自分のお腹を横から見てみよう！

服がきつくなった、お腹がなんだか重たく感じる、前かがみになると胸にお腹がぶつかる……。思い当たることがあるなら、自分のお腹を目で見てください。お風呂に入る前に服を脱いだら、鏡の前で横向きになり「えいやっ！」とお腹の様子を直視してください。下を向いて上から眺めるよりも、鏡で正面から見るよりも、ありのままの姿を確認できます。

　これで「どひゃ〜っ!!　なんとかしなくっちゃ！」と思ったら、まず、お腹に意識を向けることです。自分の目で見て「なんとかしよう」と思う、その思いがあなたのお腹を凹ませるのです。直視しなければ、お腹は1ミリだって凹みません。自分のお腹の状態をいつでも気にかけることが、お腹を凹ませる第一関門ですよ。

お腹を凹ませたいと思うなら
知っておきたいお腹の中身

お腹の筋肉はいちばん重要な筋肉です。なぜなら、お腹には心臓と肺を守っているろっ骨のような骨がないからです。

胸の下から横、後ろへとつながるろっ骨にさわってみてください。さわれましたか？次に骨盤にさわってみてください。体の側面から、後ろ側までぐるりと確認してください。こちらもわかりましたか？　では、ろっ骨と骨盤の間のわき腹を手でぐっとつかんでみてください。ろっ骨と骨盤の間には骨がないことがわかりますよね。

お腹があなたの健康を守ってくれる

お腹の中には胃や腸、肝臓や腎臓やすい臓など大切な臓器がぎっしりと詰まって、あなたの命を生かし続けています。

ではどうしてそんなに重要な内臓を守る骨がお腹にはないのでしょうか――。考えてみてください。もし、お腹が硬い骨で覆われて

お腹には骨がない！

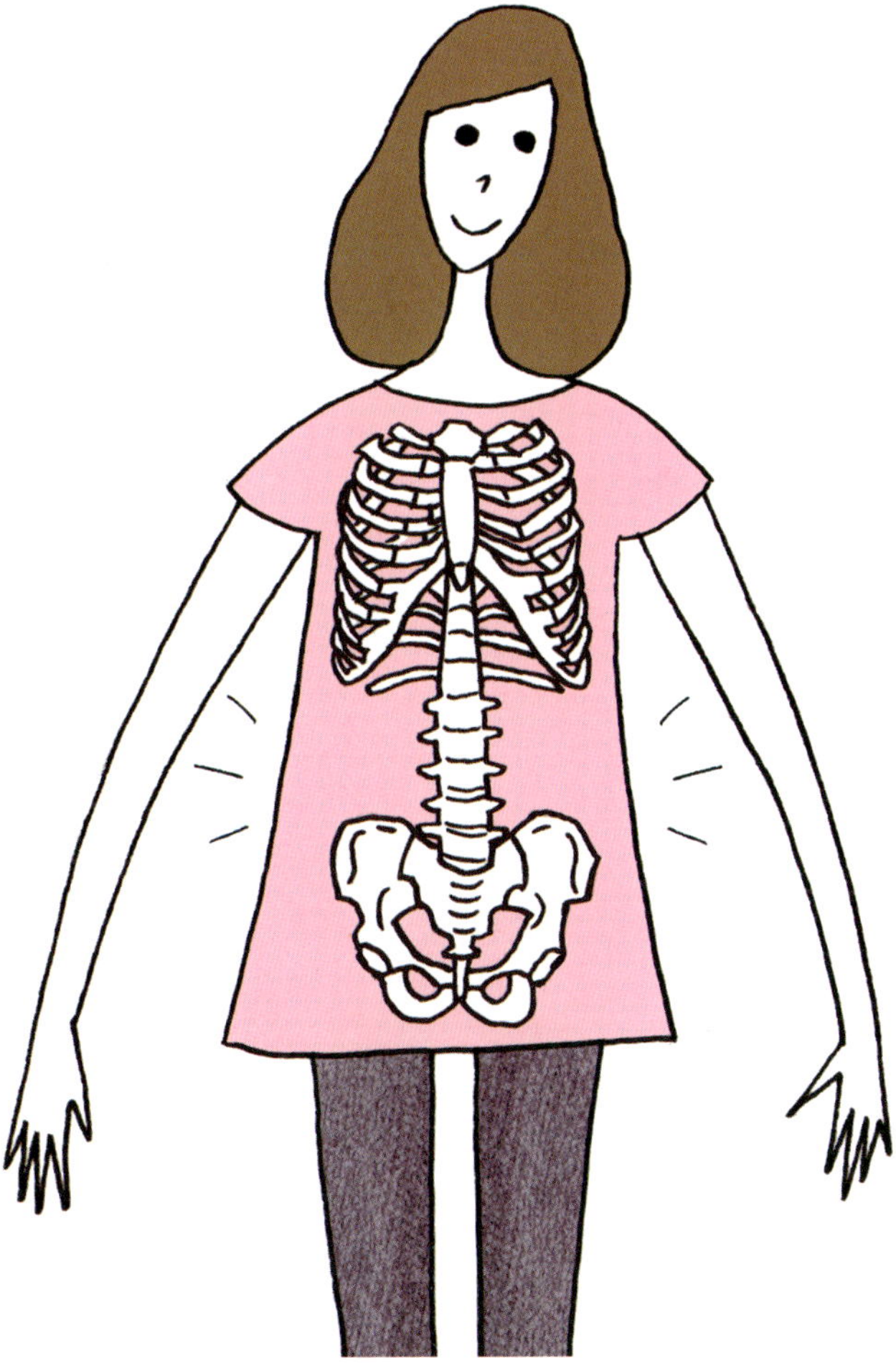

中には内臓がぎっしり詰まっている！

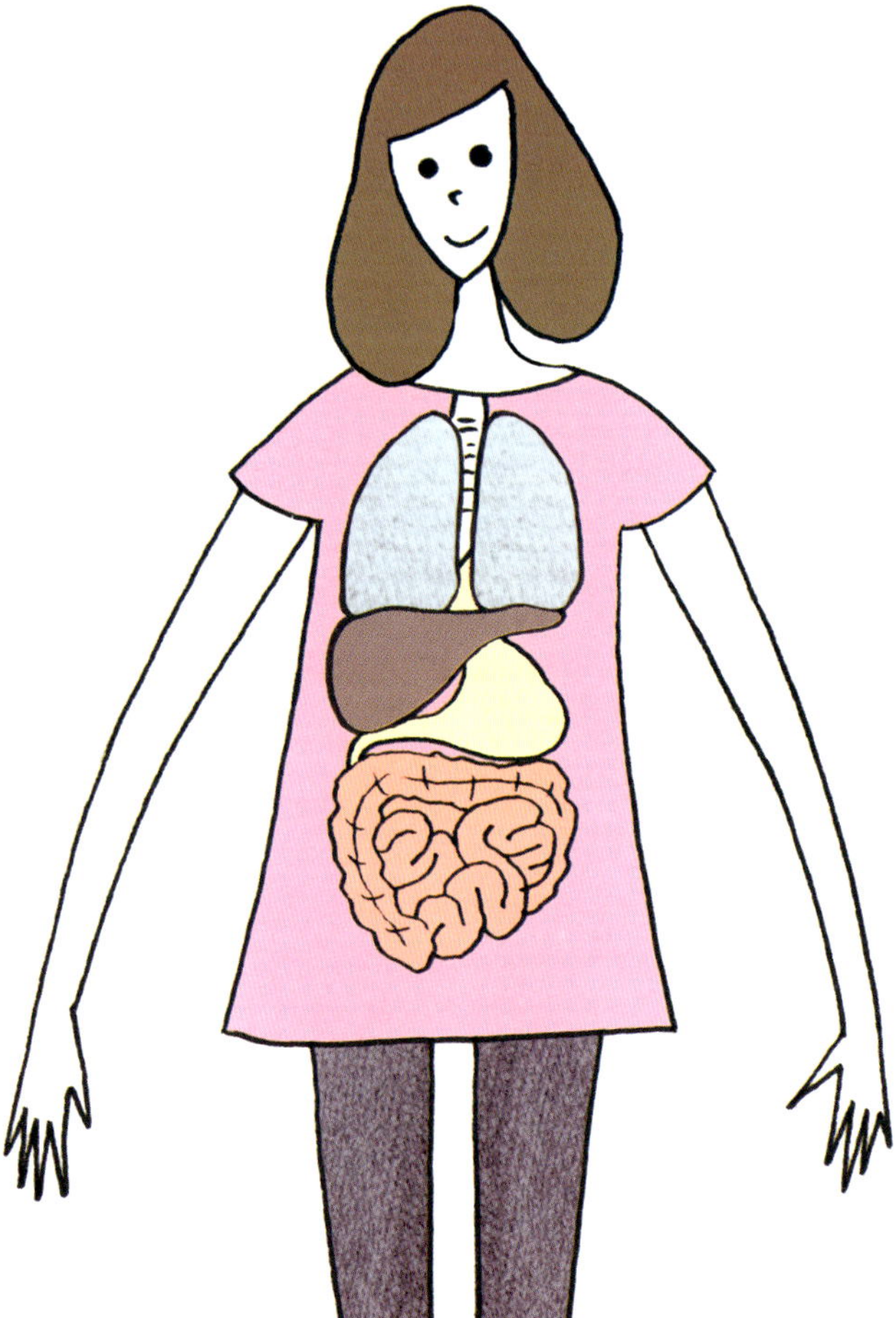

いたら、食べ物も食べられない。赤ちゃんも育めない。そして、何よりも自由な動きができませんよね。

その代わりにお腹には、綿密に設計されたすばらしい筋肉が備わっているのです。その筋肉は内臓を守るガードルのような役目もしています。

さらに前側からしっかり背骨を支えて、2足できちんと立つ姿勢を保つ力にもなっているのです。

お腹が出てきたら内臓のピンチ！

お腹の筋肉が弱ると腰が曲がり、頭が垂れて猫背になり、太ももの力も弱って、ひざも曲がってきます。お腹の筋肉に力があって前側から内臓をしっかりと押さえていれば、お腹がぽっこりと出ることはありません。

一方、筋肉が弱って力がなくなってあぶら身が増えてくると、内臓を押さえることができずにお腹が前にせり出してきます。これは一大事！です。

だって、内臓が脂肪に包まれてしまっているんですよ。「お腹が出てカッコ悪い」などと、のん気なことを言っている場合ではありません。

お腹の筋肉を育てて、内臓を所定の位置に戻す。そうすれば内臓の働きが活性化して、便秘や胃下垂、トイレが近いといった不調からも解放されますよ。

COLUMN

45年におよぶ体型調査でわかった！
ほっておくとお腹は太っていく!!

今すぐお腹に目を向ければ加齢変化を止められる！

「年をとるとお腹が出てくる」という言葉をよく聞くけれど、それって本当？　この疑問を解決するべく、女性の体型に関するデータを長年にわたって追跡調査しているワコールを訪ねてみた。

そこで編集部が目にしたのは次ページに並べた、ひとりの女性のお腹の経年変化を記録した写真だ。写真は数年おきに撮影したもの

だが、撮影するたびにお腹に少しずつお肉が積もっていくのがわかる。

この女性は、ごく普通の生活をしている方だという。ということは、普通に食べて普通に動いていると、少しずつお肉が積もってしまうのだ。つまり「年をとるとお腹が出るのは本当」だった！

ワコールでは45年前から一般公募でモニターを集め、数年ごとに体のポイントを採寸してデータを蓄積している。さらに、ヒアリング調査や体力テスト、血液検査などを行っ

て加齢変化が少ない体と、加齢変化が大きい体の違いについての研究を行っている。

そこでわかってきたことは、ずっと若い体型を維持している人は、適度な運動をし、体によい食事を日々取るようにして、体に合った下着をつけていることだという。

「年だからしょうがない」とあきらめれば、あなたのお腹には左の写真のように脂肪の範囲が広がっていく。

でも、きくち体操をしてお腹の筋肉を保っていれば、お腹の加齢変化を遅らせることができると考えられる。

お腹の加齢変化

じょじょに脂肪の範囲が広がる！

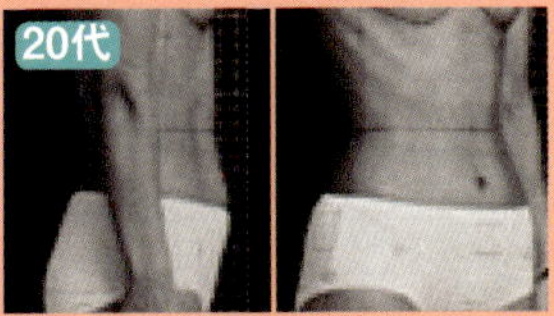

20代女性のお腹。おへその上に細くくびれたウエストがあり、体の前後の厚みがない。

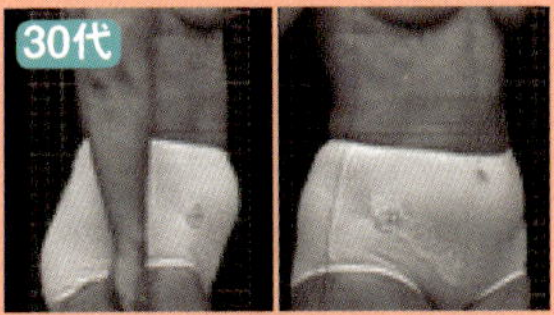

おへその下に脂肪がつき、下腹部のふくらみが目立ってくる。斜めから見ると丸みを帯びているのがわかる。

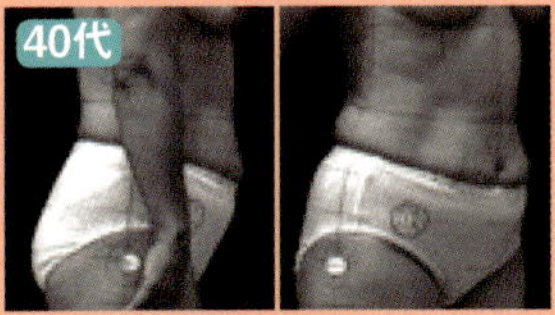

恥骨の前に脂肪がつき、おへそまで広範囲にわたって脂肪がつく。おへそまわりのたるみも目立ちはじめる。

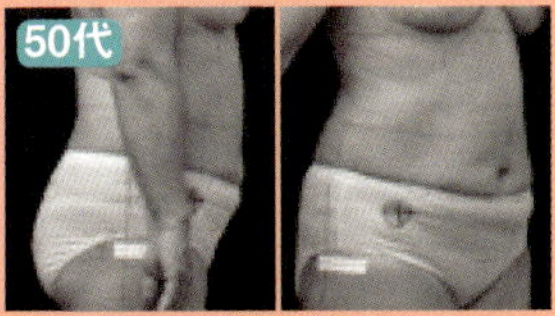

お腹の前側だけでなく、後ろ側にも脂肪が積もって体の厚みが増す。胃のあたりにも脂肪がつきはじめる。

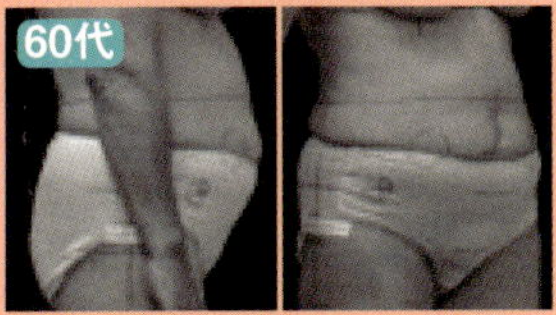

胸のすぐ下から脂肪がつき、下腹のボリュームも増大。お腹全体が前に大きくせり出している。

資料提供：ワコール人間科学研究所

このページは2011年に発行のTJMOOKの情報のまま掲載しています。

お腹をつかむだけで
ズボンがゆるゆるになりますよ。
つらい腹筋運動はいらないわよ！

さあ実践！
お腹が凹む
きくち体操

お腹が凹む！ きくち体操

効果を上げるポイントはこの5つ

1

気がついたときにいつでもやろう

ちょっと時間が空いたときなどにぜひ行ってください。もちろん寝る前、起床時になど規則正しくやるのもOKです。

2

回数や時間にこだわらない

行う回数や時間は自分しだい。よくなったと自分で感じられるところまで、自分で納得できるまで行えば必ず効果は出ますよ。

3

動かすところに意識を向ける

動かす筋肉にきちんと意識を向けて行えるかどうかがいちばん大事なことです。ただ体を動かすだけでは効果がありません。

4

体を動かすことで弱った部分を見つける

意識を向けて体を動かしていくと、驚くほど自分の体に敏感になり、わずかな変化にも気づけるようになります。

5

動かしたあとの幸福感を味わおう！

意識を向けて動かせば動かすほど、体は大喜びです。それは、何よりもあなた自身を生き生きとさせてくれますよ！

さあ！本番
お腹が凹むきくち体操

ここから「お腹をつかむ」「お腹のまわりを動かす」「おしりを意識する」の3つの動きを紹介します。

最初に「お腹をつかむ」を行うとお腹を凹ます感覚がつかめるようになります。

簡単な動きばかりですから、ひととおりやってみて、自分のペースに合わせていつでもどこでも意識を向けてやってみましょう。

PART1

お腹をつかむ

「お腹をつかむだけで本当にお腹が凹むの？」と思う方がいるかもしれませんが、本当です。それだけの理由があるのです。

目で見る、手でお腹を感じることが、お腹やせの第一歩

「きくち体操」では、動くときはしっかりと目を開いて、自分の体を観察し、頭を使って体を動かします。頭を使って体を動かすというのは、意識を向けて動かしている部分を感じとるということです。お腹をつかむときには、この筋肉は大事な筋肉だ、この筋肉は体全体につながっている、この奥に大切な内臓がある、ここを弱らせてしまったら大変だ！と、思いながらつかんでください。自分の体の感覚を研ぎすまし、その場所を自覚するためにつかむのです。

お腹を輪切りにすると?

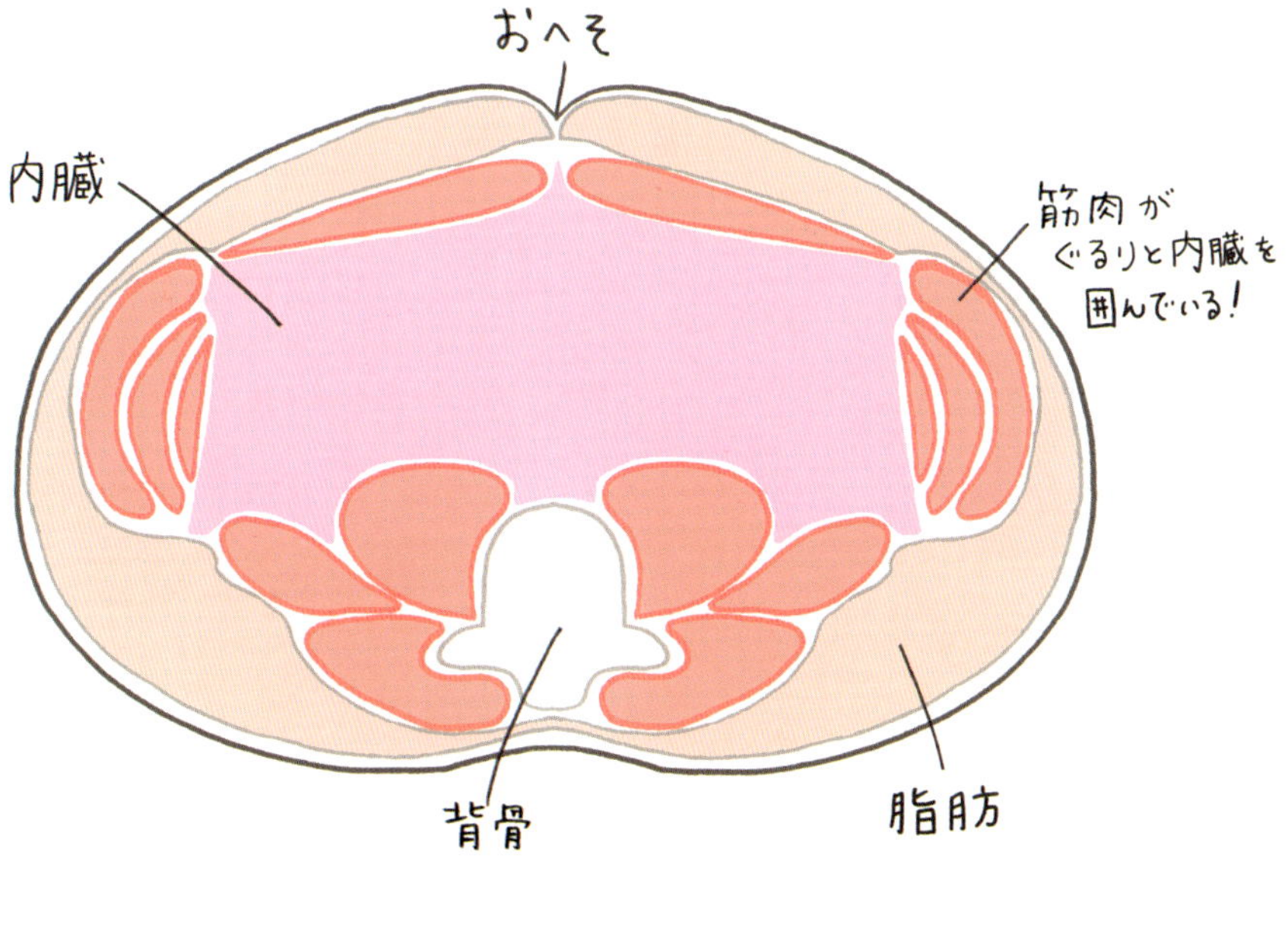

お腹には大切な内臓があります。それを守るのがお腹の筋肉です。脂肪ではお腹は守れません。

お腹は体のほかの部分に比べてわりあいに鈍感につくられています。しっかり手でつかんだり、さわったりして、脳につなげる作業が必要なのです。

このようにお腹に意識を向けて動かしてみるとお腹を司っている脳がはっきりしてくるのがわかります。お腹に意識を向けてつかんだり、動かしたりすることで、お腹の筋肉が細胞レベルで生き返り、必要以上についていた脂肪は消えていきます。

目をそらさず、内臓までつかむつもりで奥深く

お腹をつかむ前に、まずは自分の目でしっかりとお腹を見てください。どれだけ出ているのか、このお腹はちゃんと内臓を支えているだろうかと考えながら観察してください。そして、筋肉だけでなく内臓までつかむつもりで奥深くまでつかみます。お腹の筋肉は、表層は縦に、その奥は斜めに、さらに奥は横に走るというように何層にもなって厳重に内臓を守り、背骨を守り、手足を守り、重い頭をしっかりと持ち上げているのです。ここを弱らせてしまったら本当に体全体が弱ってしまいます。

つかむときには「自分の体をよくしていこう。いつもありがとう」という思いを持ってください。すると「私は自分のお腹をこんなふうにしてしまっていた」「ここにあぶら身があっちゃまずい」とはじめて気がつくのです。これがお腹を育てて無駄な脂肪をなくす第一歩です。

筋肉はさまざまな方向に組み合わさっている!

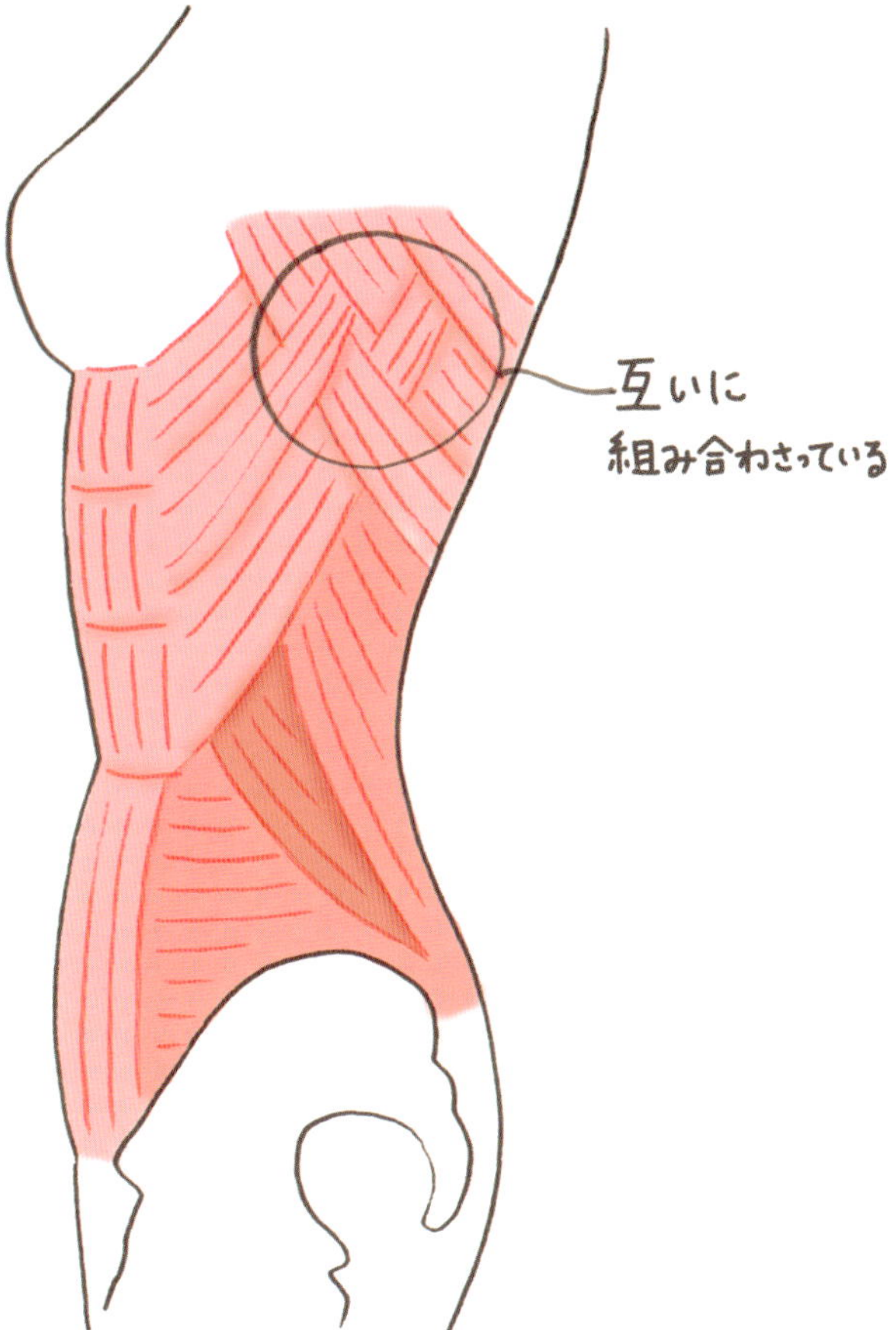

胃のあたりをつかむ

下腹を凹ませたいなら、まず胃のあたりからつかみます

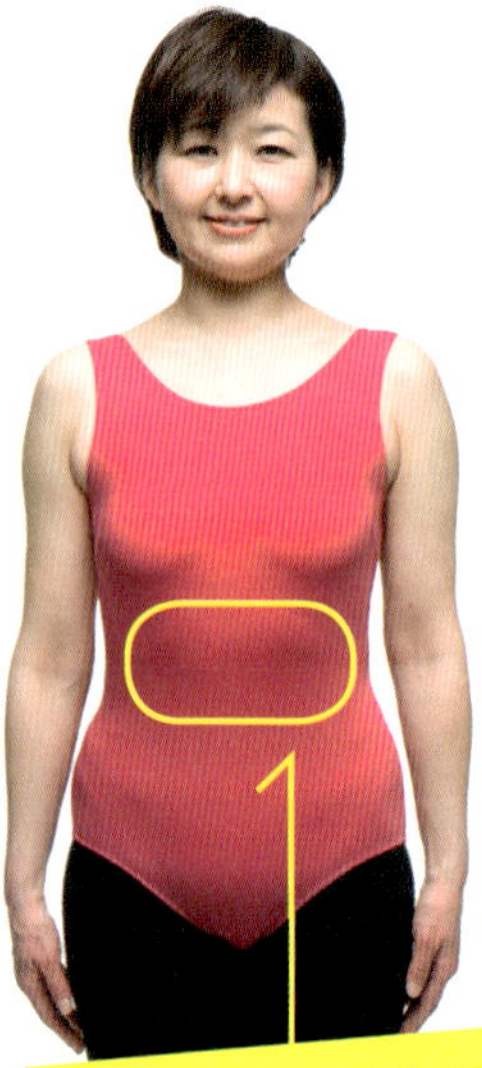

足を肩幅に開いて立ち、少し前かがみになってお腹を見ます。体がまっすぐだとつかみにくいですよ。両手でおへその上あたりから、胃のあたりをむぎゅーっとつかむ。表面にあるあぶら身から、その奥の筋肉、さらに奥にある胃までつかむつもりで、つかんでいる筋肉や脂肪を感じとります。少しずつ場所を変えて何度でもつかんで感覚をはっきりさせてください。

お腹をつかむ作業は、その場所の感覚をはっきりさせ、その場所をしっかりと自覚するためです。思いきりつかんでくださいね

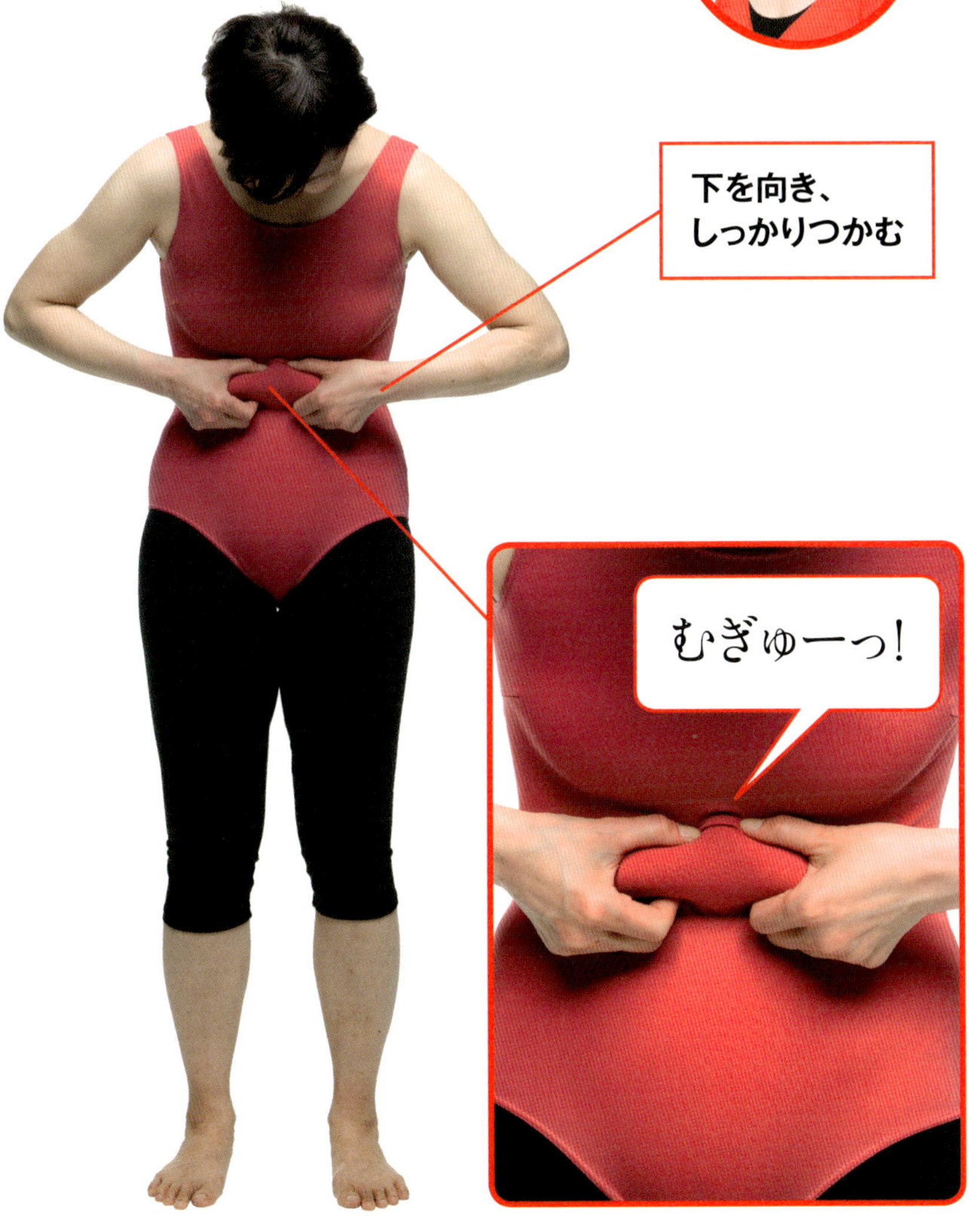

下腹をつかむ

一度で全部つかめなくても慣れると感じがつかめます

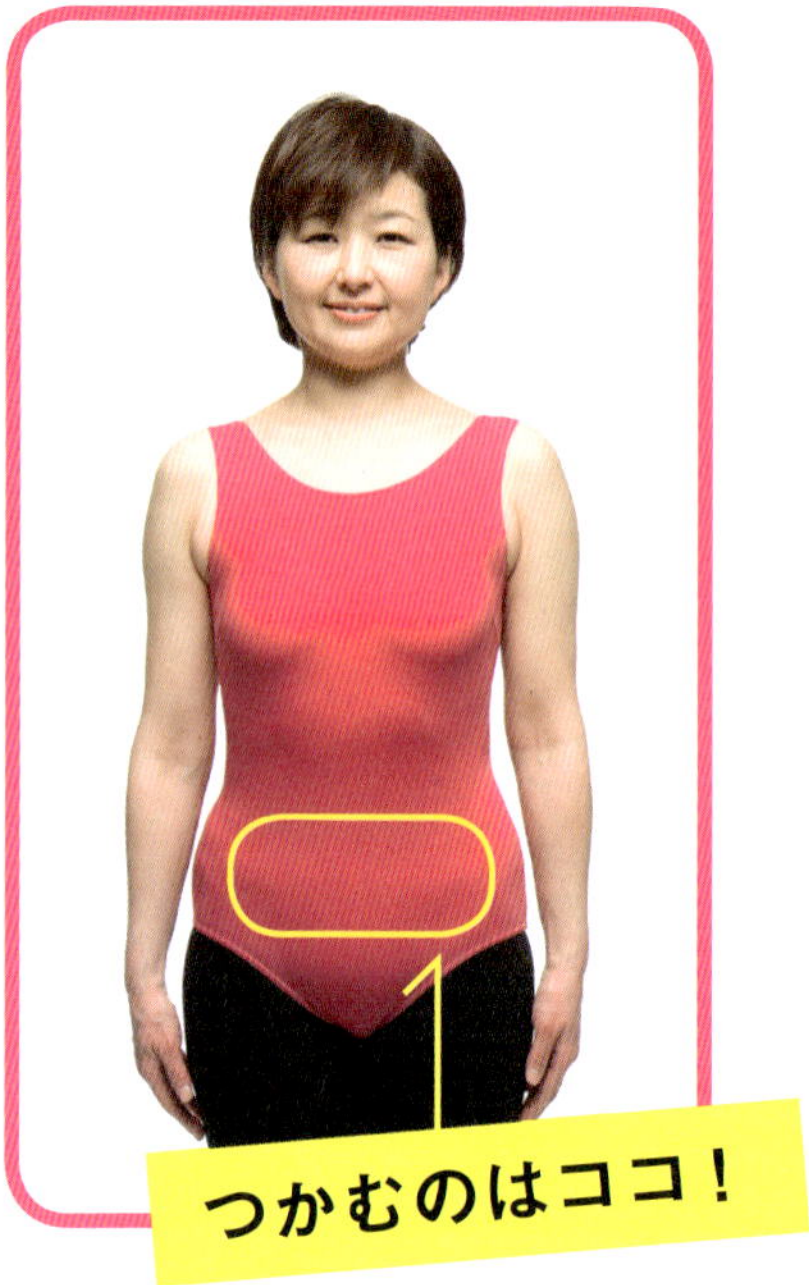

今度はおへその下をつかみます。おへそのあたりから、脚のつけ根までをしっかりつかみます。恥骨のあたりも、忘れずにつかんでね。
　手の位置を上下左右に移動して何度でもつかんで、お腹の様子をしっかりと感じとりましょう！

下腹は鈍いので、しっかりつかんではっきりさせましょう

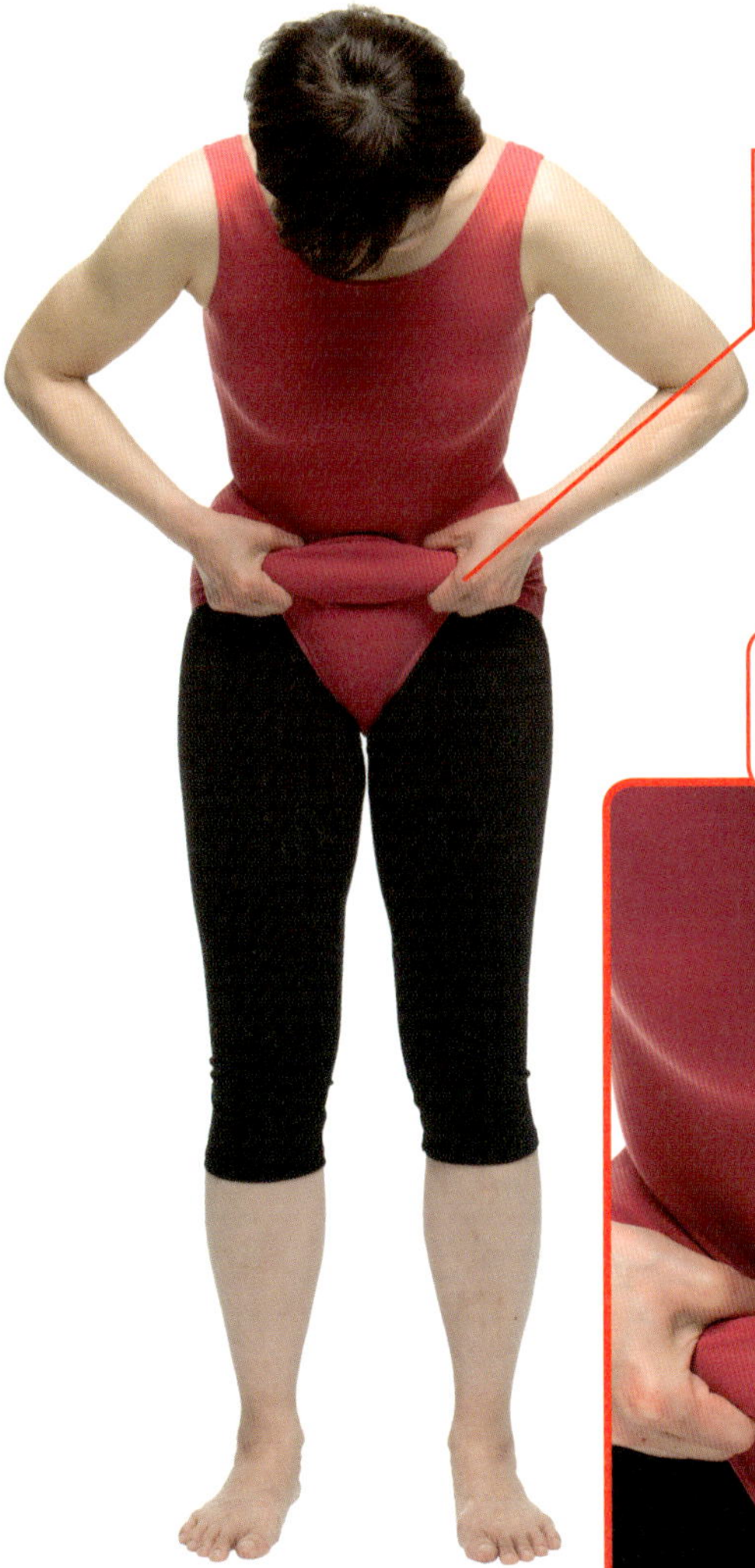
腸までつかむつもりで
深くつかむ

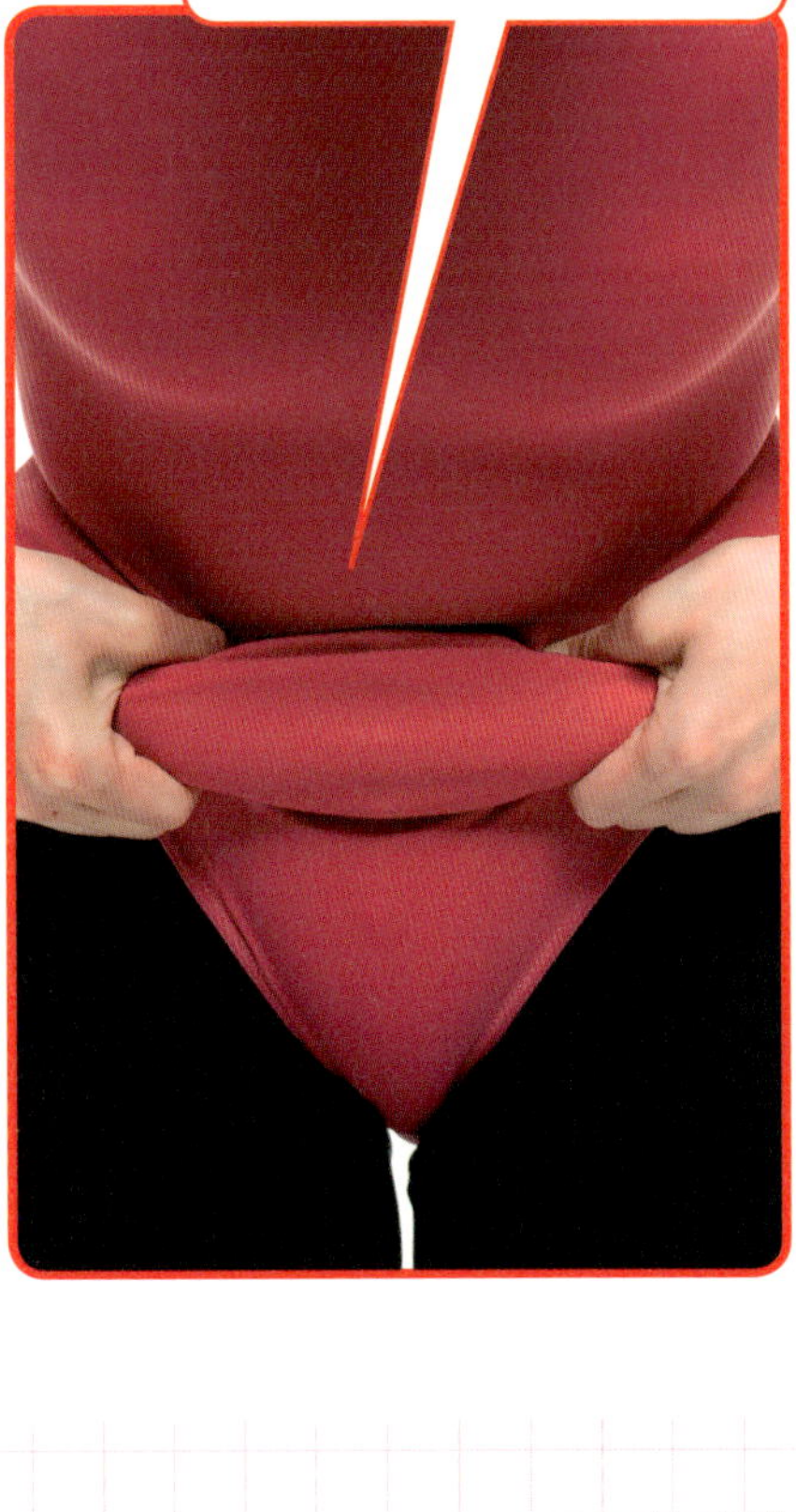
手の位置を変えながら、
しっかりつかんで！

わき腹をつかむ

つかむと、上からも下からもお肉がはみ出てきます

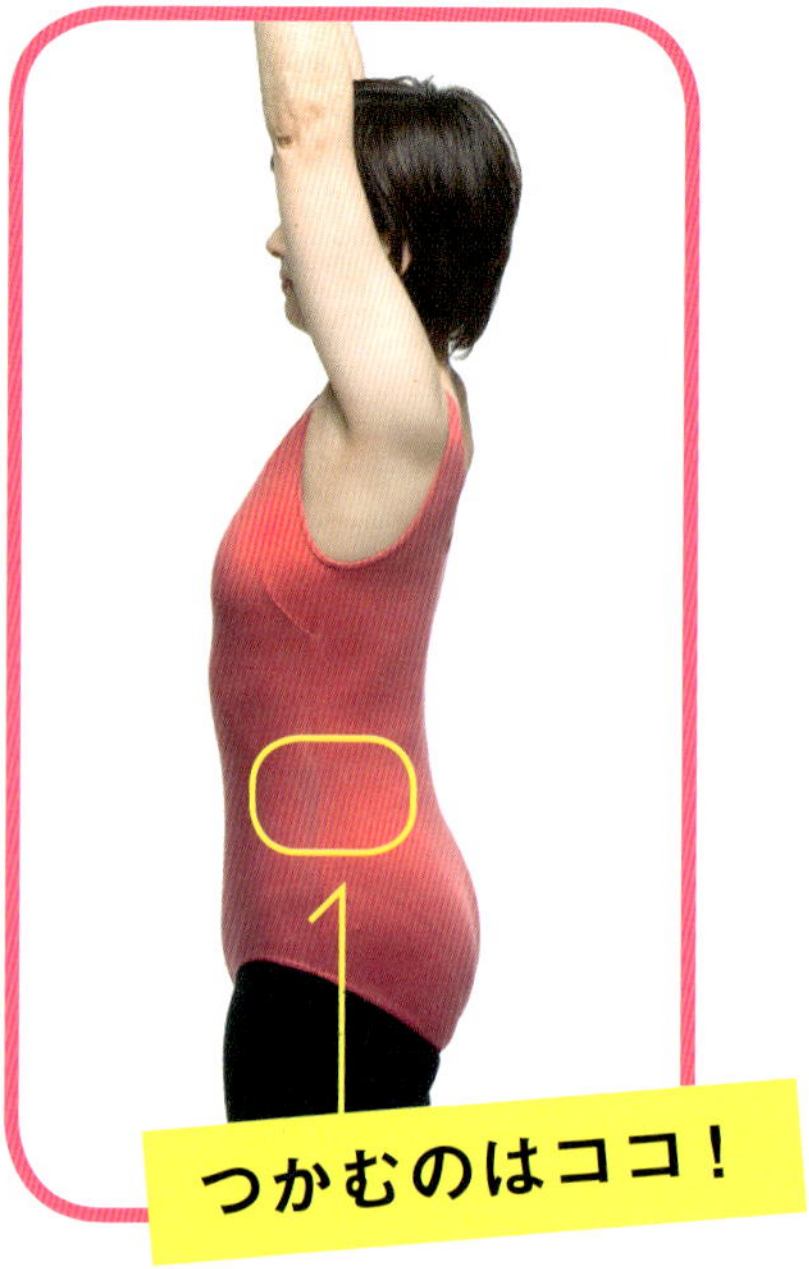

ウエストの位置が腰です。ウエストに手を当てて、ろっ骨と骨盤の間をしっかりつかむ。奥のほうに縦に走るスジがあるのがわかるくらいしっかりつかんでね。片手でつかみきれなければ、両手でつかんだっていいのよ。ここに骨がないことがわかりますよね。ここにある筋肉も、あなたの腰を支えています。

わき腹の筋肉は、お腹の筋肉と背中の筋肉につながってしっかりと守っています。だから、わき腹の感覚がはっきりしてくると、筋肉に力がつき、引き締まってきます

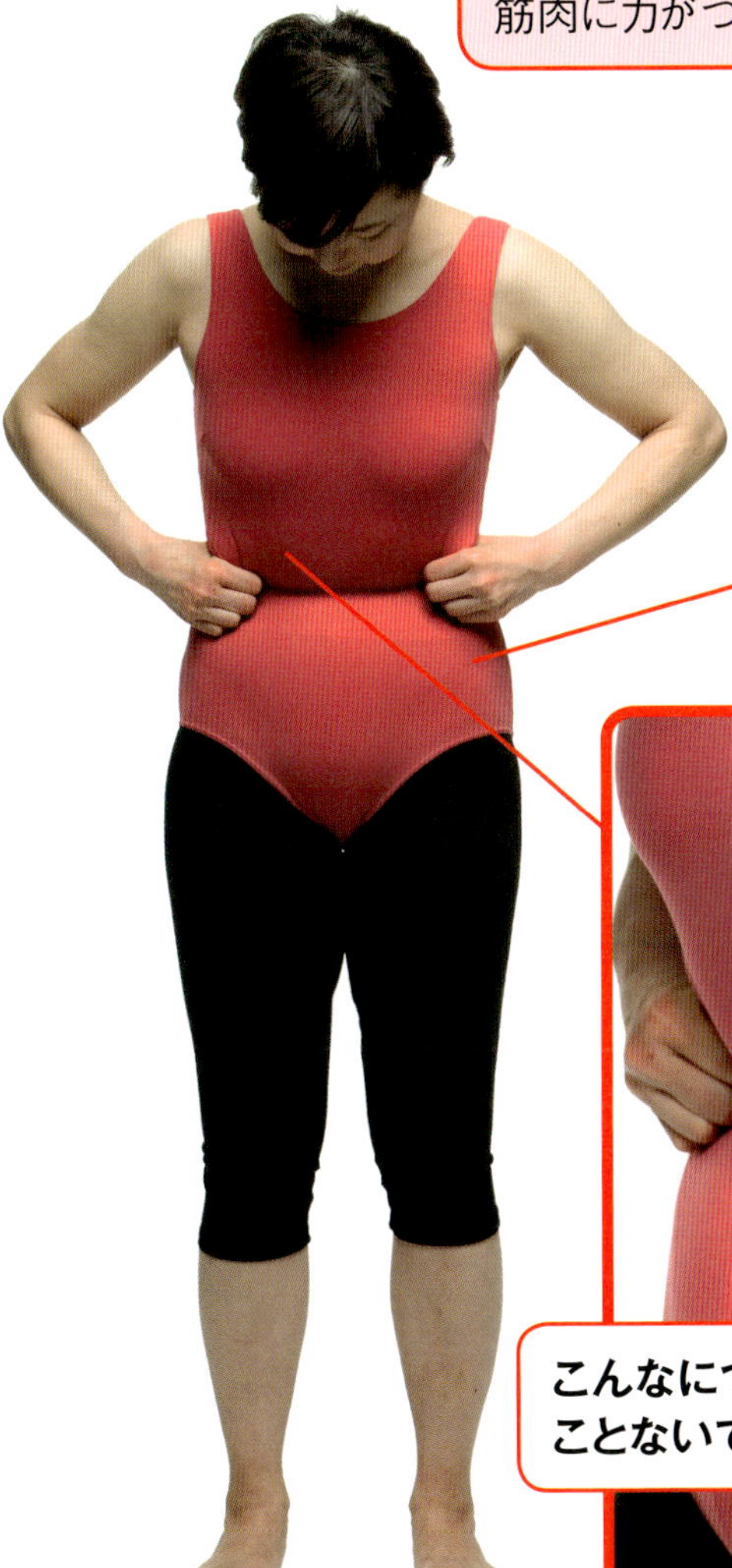

ろっ骨と
骨盤の間をつかむ

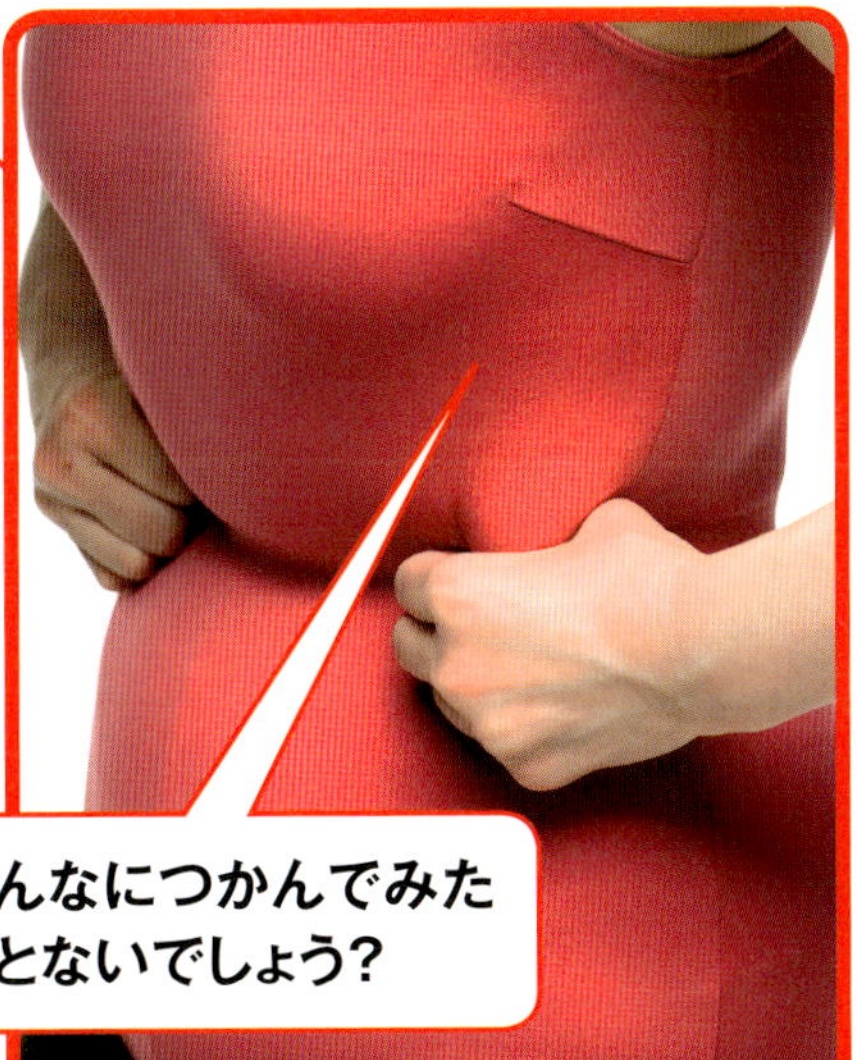

こんなにつかんでみた
ことないでしょう?

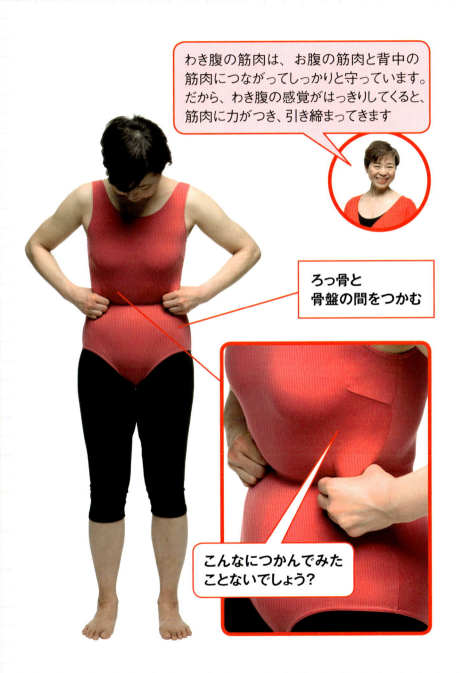

お腹の後ろをつかむ

「つかめるかな？」と思っても意外とあぶら身が積もっています

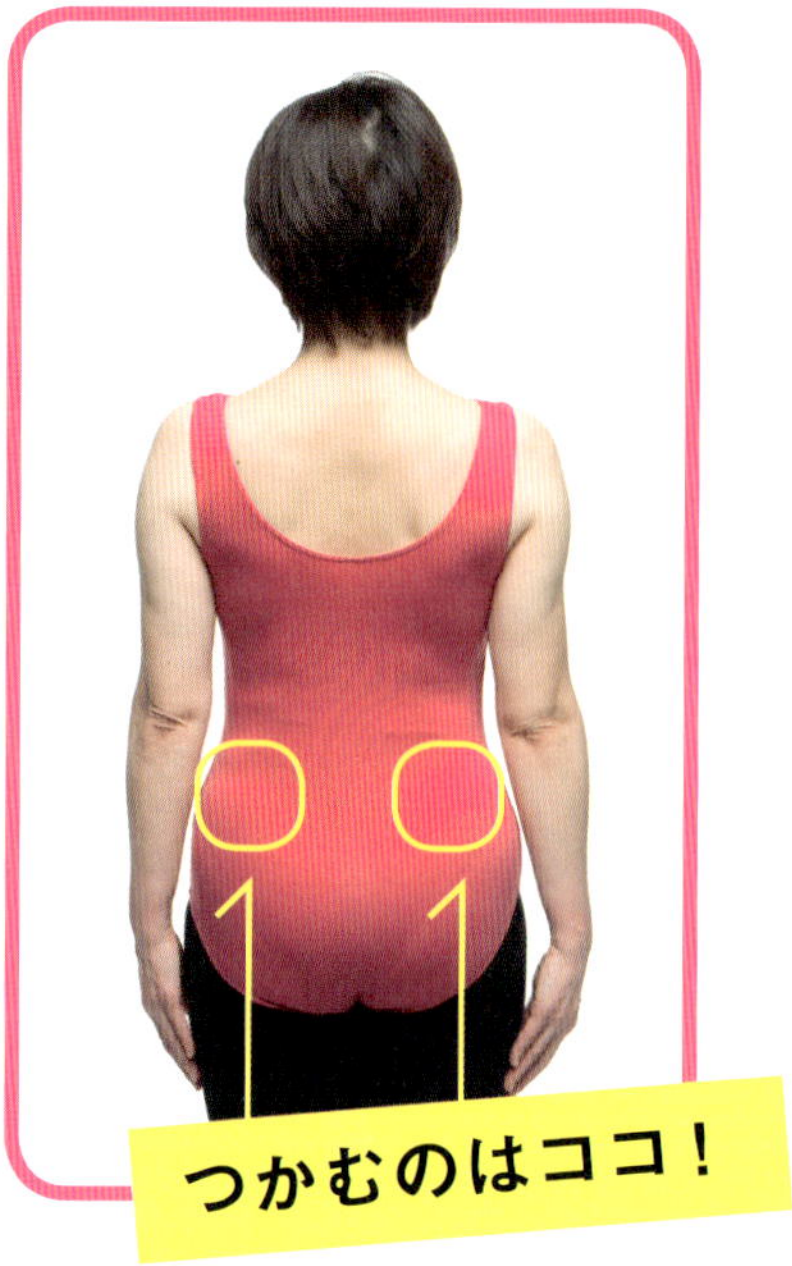

体をまっすぐに伸ばして、背中側をつかみます。お腹の筋肉は前だけではなくて、背中とつながっているということを手でよくつかんで感じとってくださいね。

今つかんでいるこの筋肉をはっきりさせ、力をつけていきましょう。

お腹の筋肉は背中にもつながっていますよ。だからお腹の筋肉が弱ってきたときには背中も弱ってくるのです

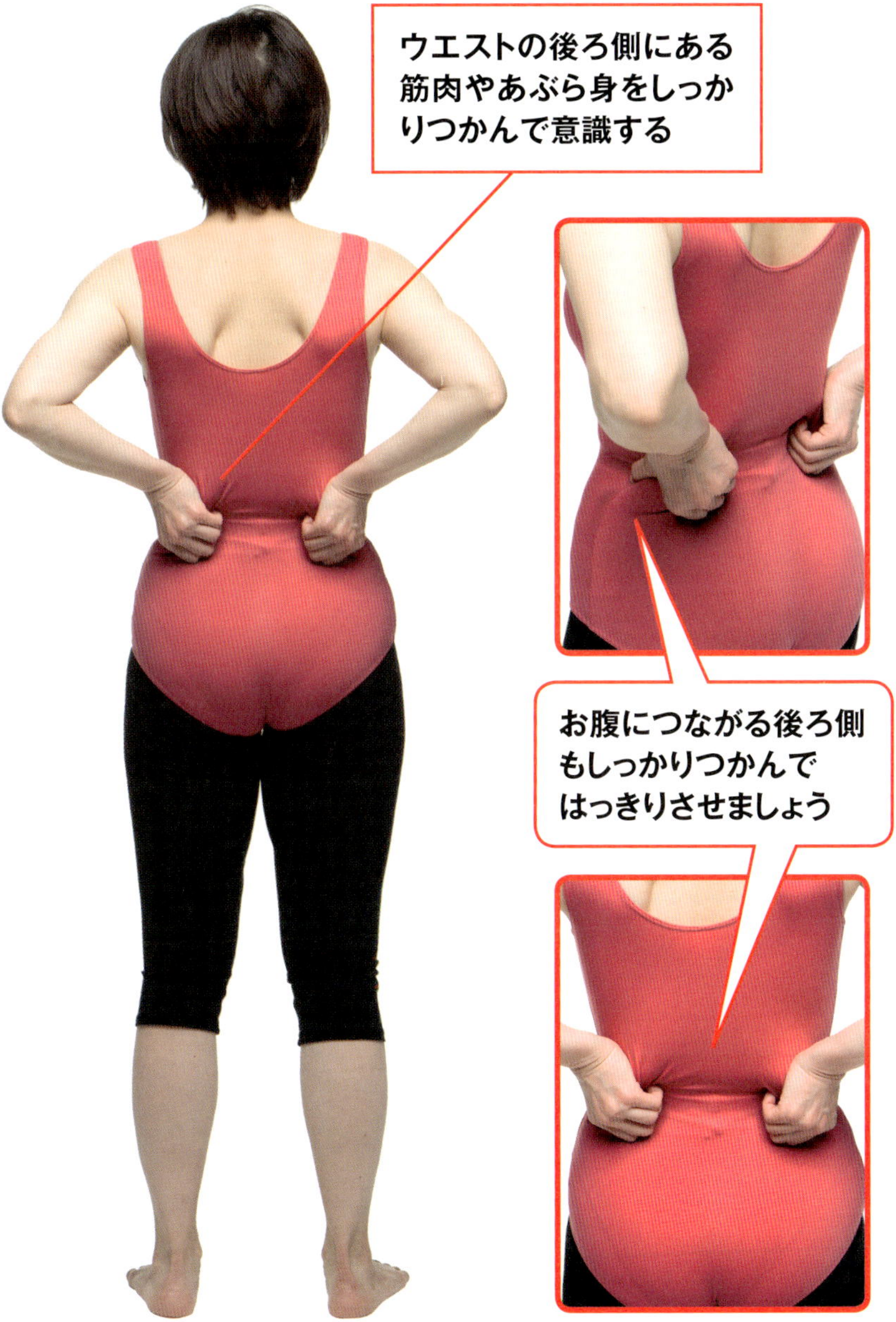
ウエストの後ろ側にある筋肉やあぶら身をしっかりつかんで意識する
お腹につながる後ろ側もしっかりつかんではっきりさせましょう

腰やひざに痛みがある人に

意識を向けさえすれば、寝た姿勢でもOK！

お腹は体の中ではわりあいに鈍感です。だからしっかりつかんで揺すって意識をするようにしてね！

意識を向けさえすればどんな姿勢でもOK！

腰やひざの痛みがある人でも、お腹がつかめる姿勢で、お腹に意識を集中してつかんでください。横になるスペースがないときは、イスに座って、立ってつかむときと同じ要領でつかんでもいいですよ。

お腹が出ている人の中には、腰やひざが痛むという人が多いものです。私はそういった方を数多く見

まずひざを立ててお腹をゆるめる

てきました。お腹の筋肉に力がついて凹んでくると、腰やひざの痛みがよくなる人もたくさんいます。

あお向けに寝てつかむなら、寝る前でも、起きたときでも布団の中でもできるから毎日続けられます。テレビを見ている合間にちょっと横になって意識をお腹に向けてやってもいいし、いつだってできますよね。

1回だけじっくりやるよりも何回でもつかむことが大事

体はどの器官もしっかり働いていることが、私たちにとって正常な状態なのです。ほったらかしにしてしまうと、どんどん怠けてしまって仕事をしなくなるので、調子が悪くなります。

だから、お腹をしょっちゅうさわって仕事をしているかどうかを確認し、仕事をするように仕向ける

布団の上で♪

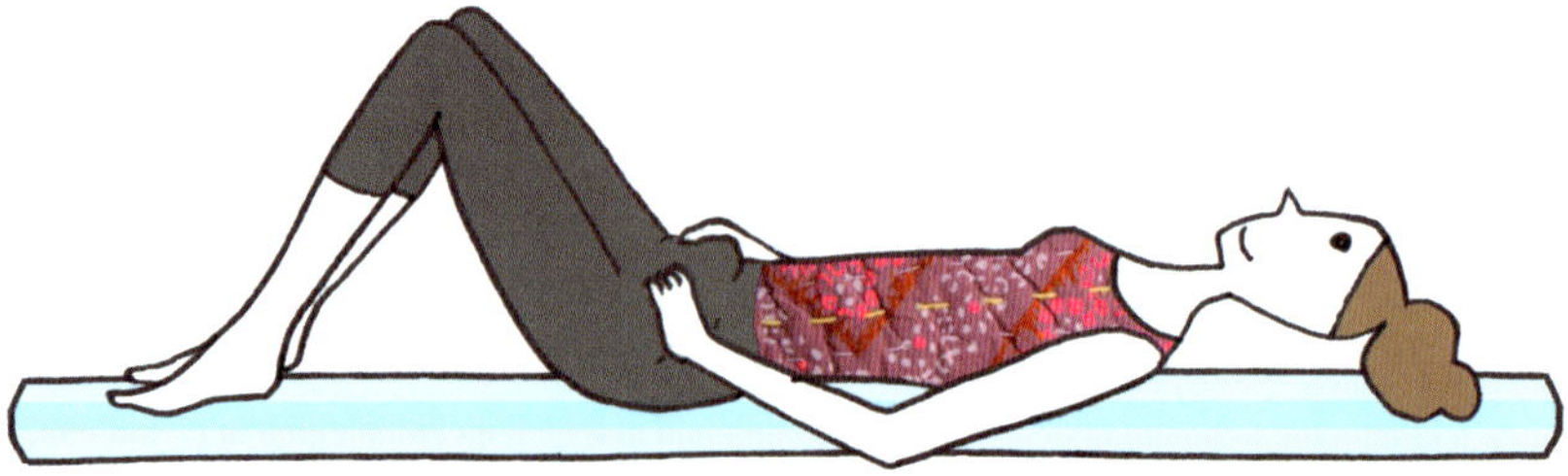

のです。1回だけていねいにつかんでも、ちょっと時間がたつとすぐに感覚を忘れてしまいます。いつでもどこでも気がついたときに、お腹に意識を向けるためにせっせとつかんでくださいね。

「私は今、お腹を凹ませている！　この脂肪があると、体がきちんと働いてくれない」と四六時中意識しているだけでも、お腹が凹むスピードがまるで違いますよ。

ひざを立ててお腹をゆるめるのがポイント！

寝てお腹をつかむときは、49ページの写真のようにひざを立ててお腹をゆるめて行います。脚をまっすぐに伸ばしたままだと、お腹が下に引っ張られて思うぞんぶんにつかむことができません。

そして、立ってつかむときと同様に、胃のあたり、

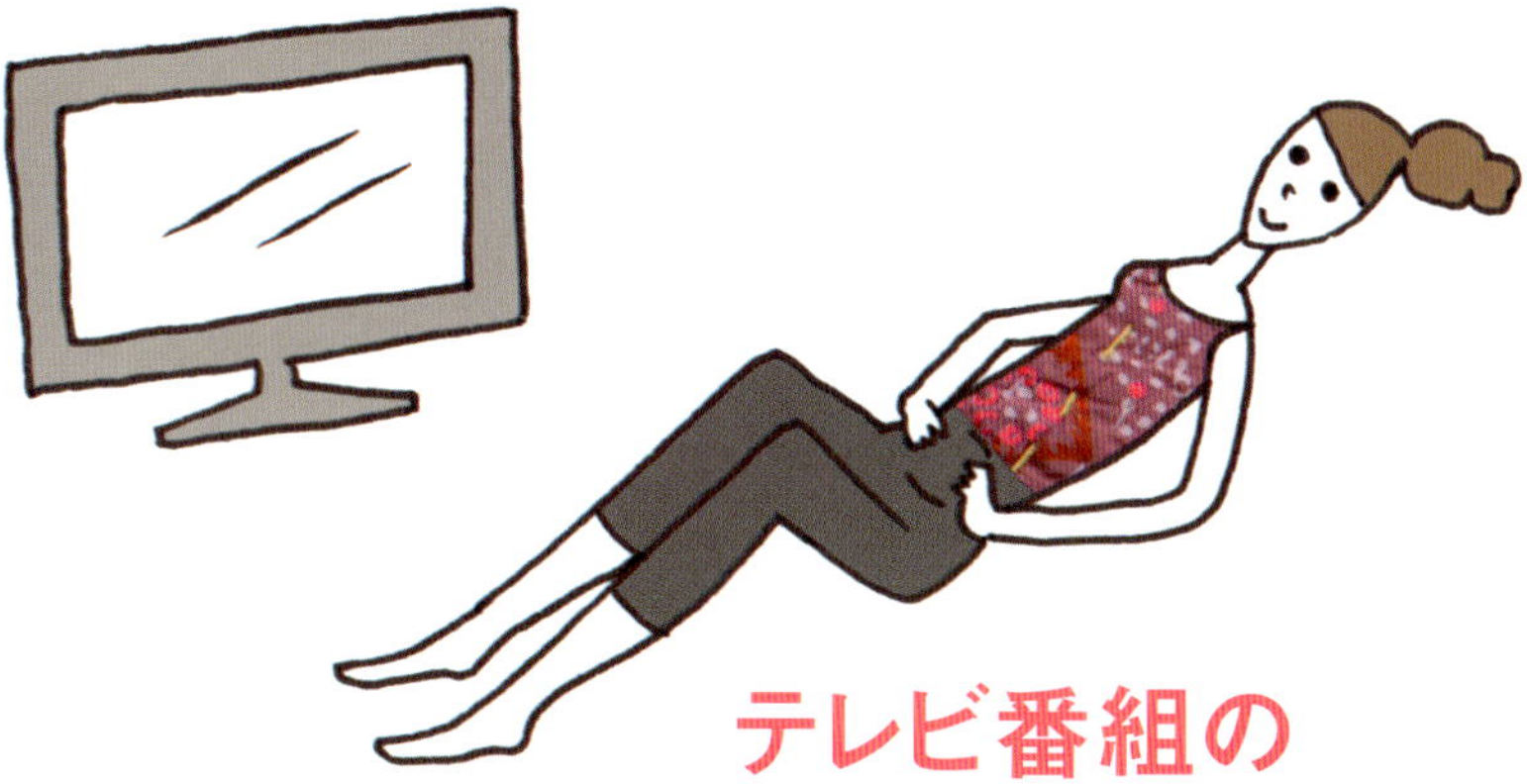

テレビ番組の
合間にも♪

腰やひざが
痛くてもできる♪

下腹、わき腹、お腹の後ろの順につかみ、手からこぼれる部分は、何度でも場所を変えてつかんでください。お腹のすみずみまで全部つかむことが大事です。背中側がつかみにくかったら、そのまま起き上がって、ひざを曲げたままつかむとやりやすいですよ。

COLUMN

よくかんで食べるだけで、内臓からお腹が凹む！

胃や腸も筋肉でできています

皆さんは胃や腸が筋肉でできているということを知っていますか？　口から食べたり飲んだりしたものは食道↓胃↓腸を通って消化・排泄されますが、これらの臓器が働いてくれなければ、食べた物を消化して栄養を取り込むことができません。特に胃の中では、歯でかみ砕いた食べ物をさらに細かくするために、いろいろな方向の筋肉がせっせと働いています。

体はやせているのに下腹が出ている人は、内臓を支えるお腹の筋肉が弱ってしまって下垂している場合が多いのです。消化にかかわる臓器は、使わないでいると弱り、本来の仕事ができなくなってしまいます。腸の働きが悪いと便秘にもなりますし、腸が弱ったせいでお腹が出たりします。

食物はしっかりかむ。かむことで育つ筋肉がたくさんあります。しっかりかんだ食物には、胃も十分に仕事ができる。同じことが腸にも言えるのです。ですから、歯ごたえのあるものをしっかりかんで食べて、毎日胃や腸に働いてもらうことが大切です。

栄養ドリンクやらゼリーやらサプリメントだけでは、最初にかむ作業をしないので、消化にかかわるたくさんの器官が働かないために弱って衰えていくことを知ってほしいのです。やせるために食事を抜くなんてもってのほかです。

内臓に力がつくとお腹が凹む

内臓の筋肉が弱って衰えていたら、お腹の筋肉も弱っています。お腹の中身と外身の両方がきちんと働けるようにしてこそ、平らなお腹になれるのです。胃や腸が元気に働いてくれるから、あなたの食べたものがあなたの血液になり、筋肉になり、あなたの命を育んでいくのです。

〝お腹を凹ますために〟動かす、かむ、からはじめたことが、結果としてあなたの内臓に力をつけ、食べ物の消化吸収をよくし、体力をつけ、あなたの力になるのです。

食道、胃、腸がちゃんと働くために、いろんな筋肉が懸命に働いています。お腹が出ている状態は内臓の筋肉が弱った結果です。

PART2 お腹につながる筋肉を動かす

お腹を凹ませるには、いわゆる腹筋運動をすればいいと思っている方が多いと思います。でも、お腹をやせさせるには、お腹につながるまわりの筋肉を一緒に動かす必要があります。

どうしてかというと、お腹の筋肉は全身につながっているからです。上半身だけをとってみても、手の筋肉、腕の筋肉、胸の筋肉、肩の筋肉、背中の筋肉がお腹の筋肉へとつながっています。

だから、お腹につながる筋肉に意識を向けて動かすことで、お腹を凹ますことができるので

お腹は腕とつながっている!

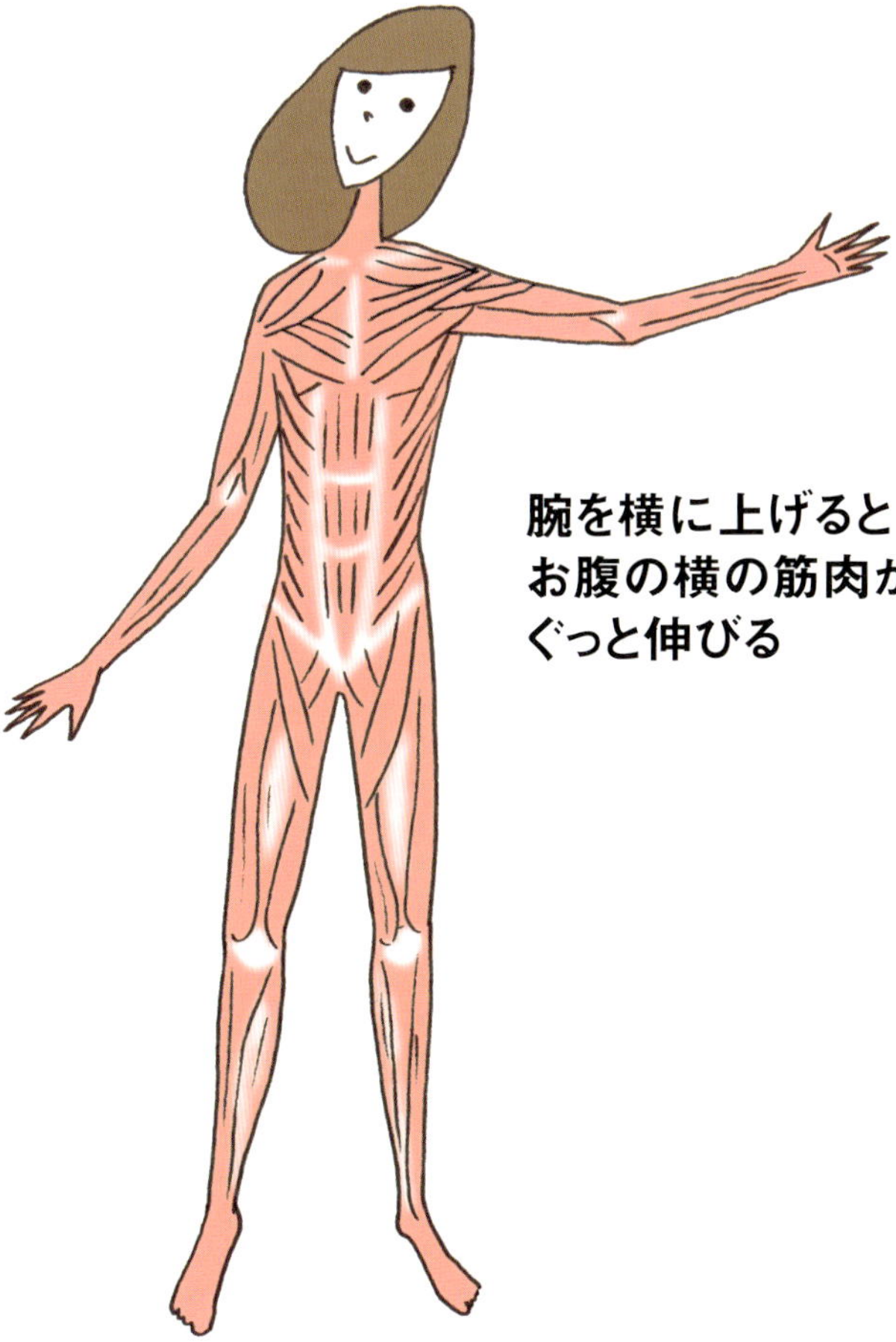
腕を横に上げると
お腹の横の筋肉が
ぐっと伸びる

だから腕も細くなる!!

す。

お腹が凹むと腕もおしりも背中も締まる!!

体の一カ所だけを細くするというのは、実のところ不可能です。別の言い方をすれば、お腹が凹むとお腹につながるほかの部分も締まるということです。いい話でしょ？（笑）

筋肉がつながっているということを実感するために、右のわき腹に左手を当てて、右手を高く持ち上げてみてください。わき腹の筋肉がぐっと上に伸びるのがわかりますね。腕を動かすだけでこんなにお腹が動くと知っていましたか？

じゃ、次は立ってお腹に手を当てたままおしりにぎゅっと力を入れて、おしりの筋肉を寄せてみてください。どうです？　お腹を引っ込めるとおしりが真ん中によりよく寄るでしょう？　お腹がおしりにつながっていることがよくわかりますよね。

お腹の筋肉が弱ってお腹が出ているということは、実はおしりの筋肉も弱って広がっているということなのです。おしりの筋肉は上半身の重さを支えている、体じゅうでいちばん大きな筋肉です。

お腹が引っ込んでくると、おしりの筋肉にも力がつき、ピッと上がったおしりになります。お腹のまわりに意識を向けて動かすと、お腹が凹むわけ、わかりましたか？

背中とおしりを使うとお腹が凹む!

体をねじれば
より筋肉の動きが
わかります

足の小指に
力を入れると
おしりがぎゅっと寄って
お腹が凹む

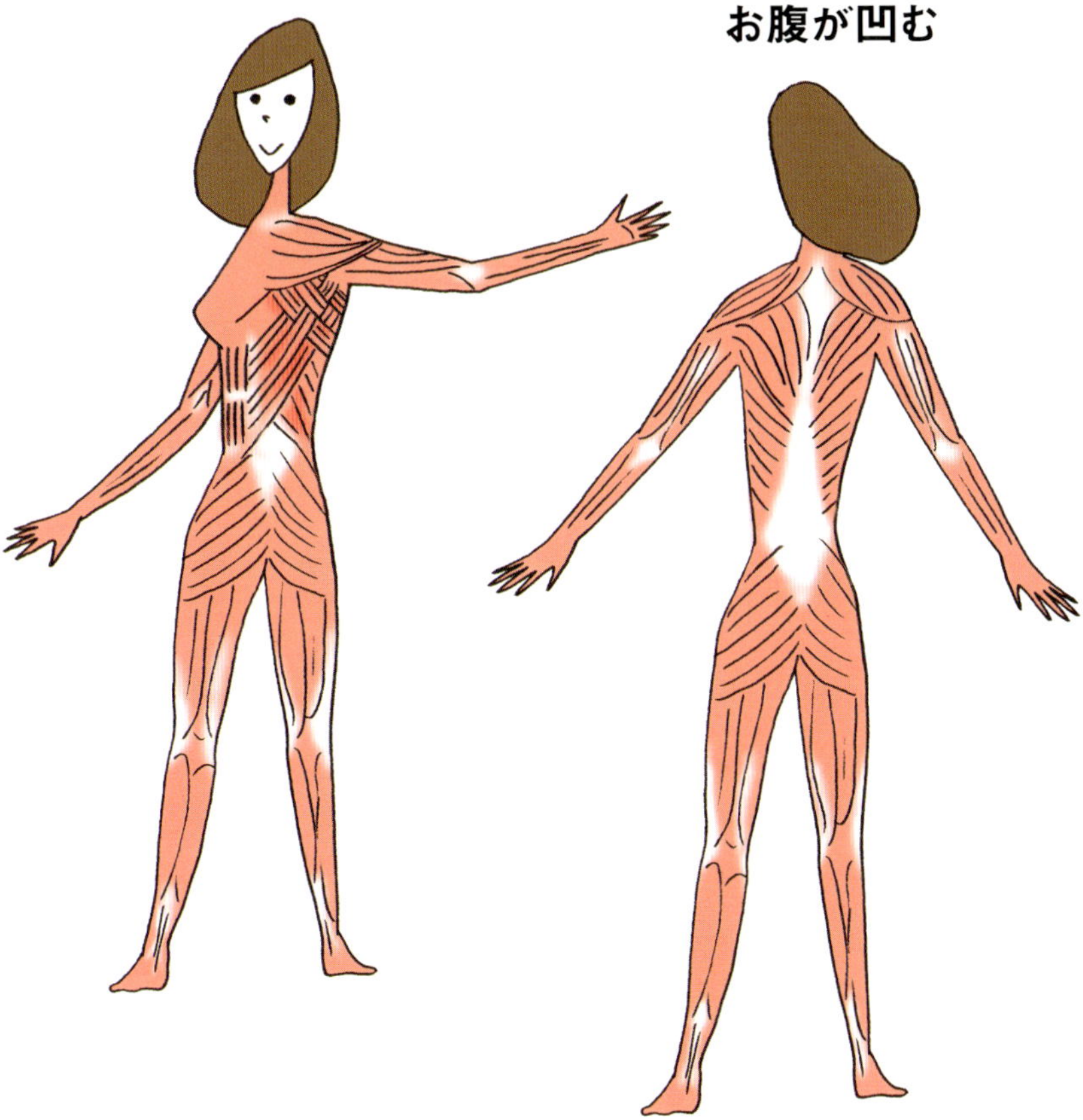

そして背中がスッキリして
おしりも小さくなる!!

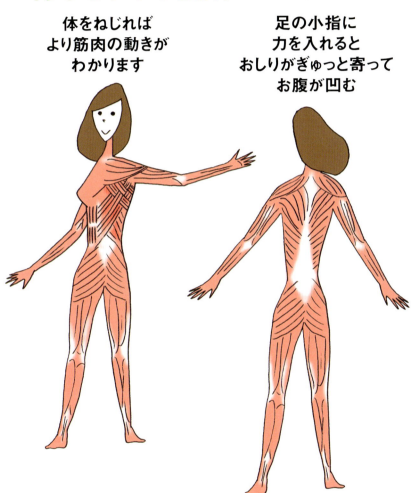

肩甲骨を下げる

① 肩の力を抜いて立つ

このテープの動きに注目！
お腹を引く
足の小指に力を入れて踏ん張る

両足をそろえておしりの筋肉を寄せて立ち、足の小指に力を込めてお腹を引きます。肩は楽にしてね。次はお腹を引いたまま、肩を前に出すようにして肩甲骨を引き上げます。背中が動いていることを確認してください。この動きをすると肩甲骨の場所がはっきりしてきますよ。最後にお腹を引いたまま、肩甲骨を下げ、少し背骨のほうに寄せるようにします。

② 一度肩甲骨を上げる

肩甲骨を下げるのは、胸を正しい位置に戻して胃のあたりをすっと伸ばすのが目的です。いつでもどこでも肩甲骨を下げれば、胃のあたりがたるんではいられません。

肩甲骨が下がると、胃がぐーっと引き上げられます

③ 改めて肩甲骨を下げる

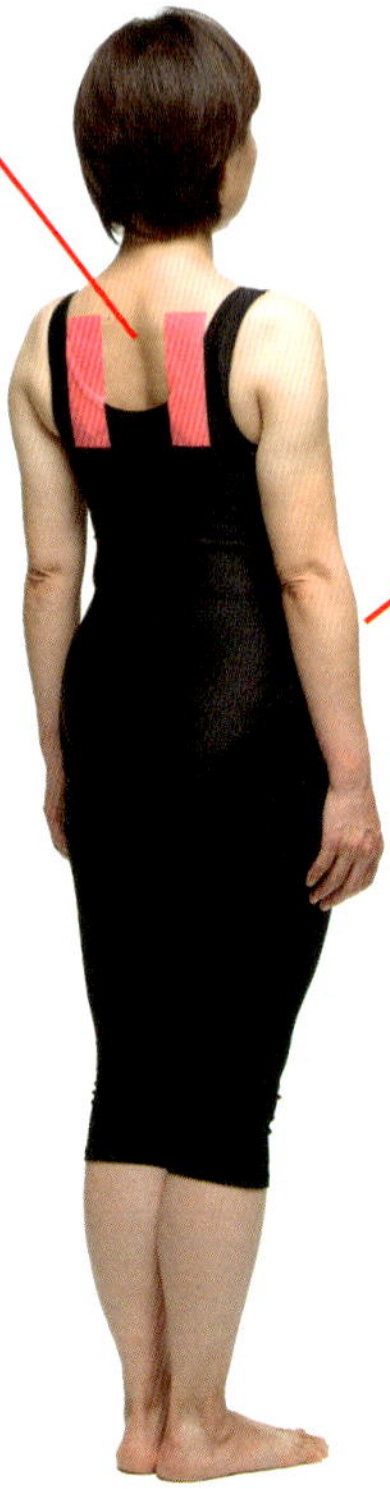
肩甲骨を下げて
胸を正しい位置
に戻す
お腹を引く

肩甲骨を下げる感覚がわかるまでは、肩甲骨を上げてから下げるといいわよ。感覚がつかめてくると、すぐに③の姿勢ができるようになります

これは×

猫背になっていても肩は上げられますが、肩甲骨は上げられません。

これは肩を上げただけ。肩甲骨の場所がわかりません

腰に負担をかける最悪のポーズよ！

胸を正しい位置に戻して胃のあたりを引き上げるのと、腰をそらして胸を張るのとは違いますよ。肩甲骨を下げると胃のあたりがきゅっと締まりますが、腰をそらして胸を張るだけだと、お腹はやわらかいままで筋肉を使っていません。ただそっただけです。

① 腕を大きく回す

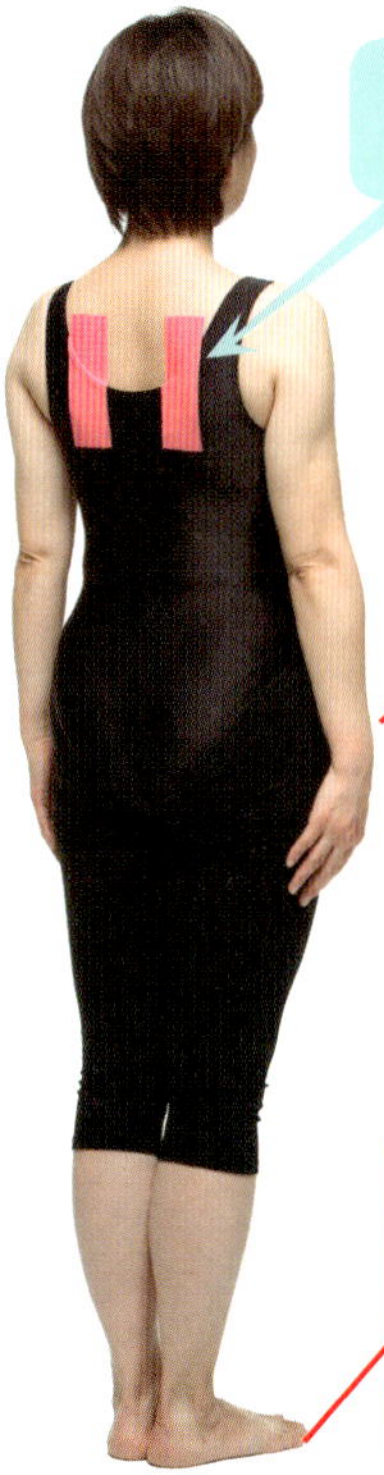
このテープの動きに注目！
お腹を引く
足の小指に力を入れて、おしりの筋肉をぎゅっと寄せる

おしりの筋肉を寄せて足の小指に力を入れてお腹を引いたら、ひざのお皿を後ろへ押しつけるようにしてひざの裏を伸ばします。ひじはまっすぐに伸ばします。指先まで意識を向けて手を真上まで持ち上げます。腰、わき腹、わきの下まで伸びていることを感じてね。手を下ろすときは、できるだけ体の遠くを指先が通るようにして回して、背中が動いていることも感じてね。

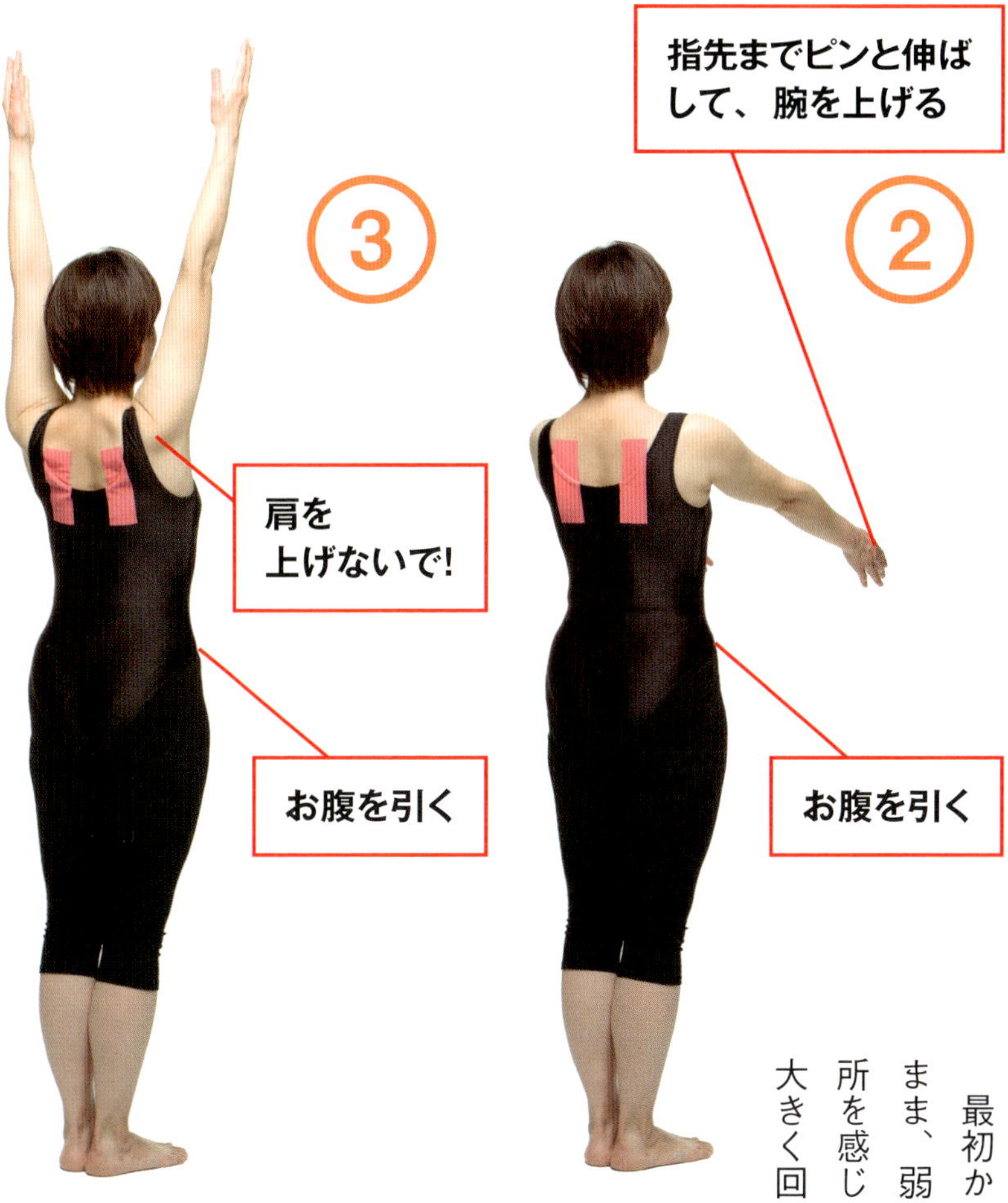
指先までピンと伸ばして、腕を上げる
②
お腹を引く
③
肩を上げないで!
お腹を引く

最初から最後までお腹を引いたまま、弱っている一つひとつの場所を感じとりながら、ゆーっくり大きく回します。

弱っているところがあると腕は動きません!

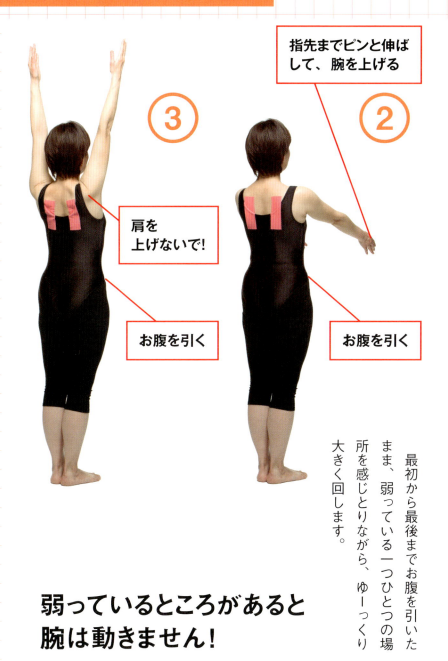

④

指先ができるだけ遠くを通るように、大きく回す
お腹を引く

腕を回すだけですけど、体のあちこちがお腹を引っ張るから、お腹全体に力がつくわよ。一つひとつ感じとりながら、じっくり回さないと意味がありません

これは✕

ひじを伸ばして、指先まで一直線にしましょう!

脚の力がないと腕は上がらないですよ。そのためには足の裏を床に押しつけてぐっと伸びることが大事。

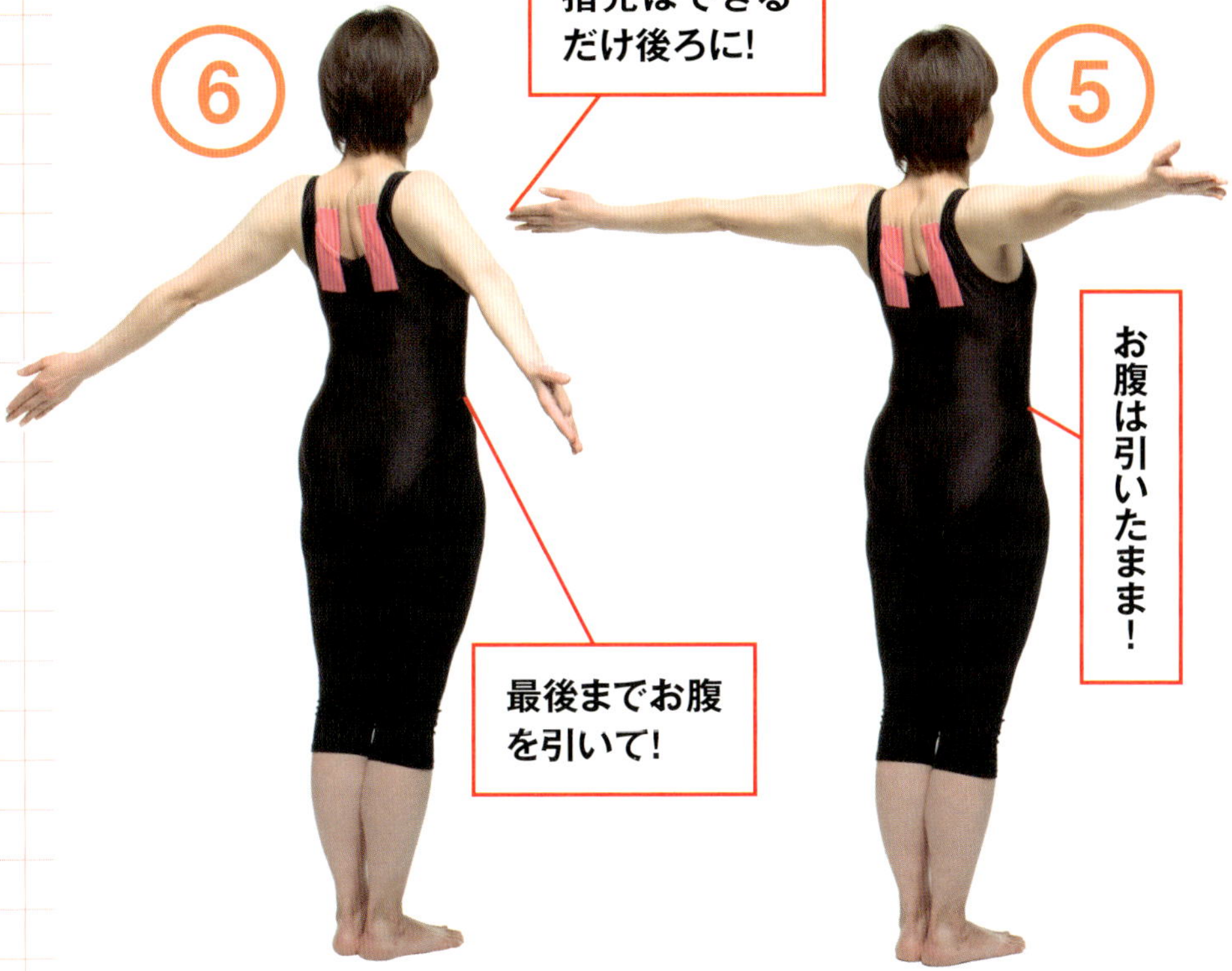
6
指先はできる
だけ後ろに!
5
お腹は引いたまま!
最後までお腹
を引いて!

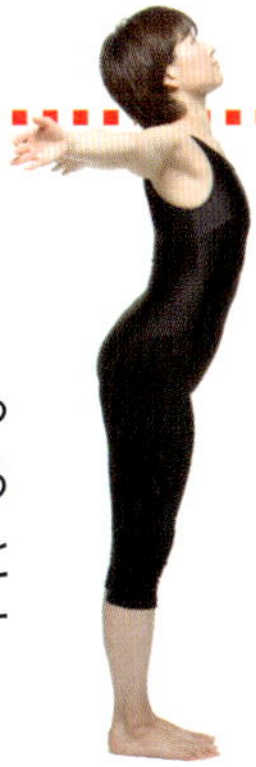

これは ×

腰をそらさないで!

姿勢をよくするというのは、腰をそらして胸を張ることだと勘違いしている人が多いけれど、腰をそらせて行うと腰痛になりやすいので、腰をまっすぐにするように気をつけてね。

立って体をねじる

お腹をねじるたびにくびれができそう！

つま先をまっすぐ前に向けると、ももの内側にも力がつきます。ここは大股で美しく歩くために欠かせない筋肉ですから、一緒に育ててね

足を肩幅に開いて壁を背にして立ち、つま先をまっすぐ前に向ける。立つときはいつでも、おしりの筋肉を寄せて、お腹を引いてくださいね。手を肩の高さに上げて、両足のかかとを床につけたまま、お腹を引き、お腹ごと体を右にねじり、ねじれている自分の体をしっかり感じとります。そのとき足先から手の指先、顔の位置まで意識を向けてちゃんと感じとることが大切です。十分に感じとれたら、反対へ。これをくり返します。

適当な壁がなければ、壁があるつもりでお腹をねじってもいいわよ。ただし、足をしっかり踏ん張って、倒れないように気をつけて！

① 壁を背にして立つ

手は肩の高さ
このテープの動きに注目！
おしりの筋肉を寄せてお腹を引く
足を肩幅に開いて立つ。つま先をまっすぐにして足の裏全体で踏ん張る

② 右にねじる

お腹を引いたまま、
上体をねじって後ろ
の壁に手をつける
かかとを床に
つけたままで

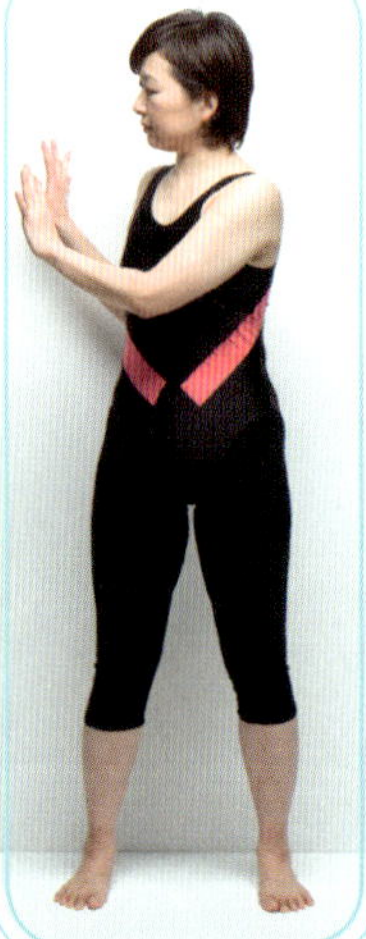

これでもOK！

上の写真のように大きくねじれなくて、壁に手がつかなくても大丈夫！　少しずつねじれるようになります。たくさんねじることよりも、お腹にしっかり意識を向けることが大事。

③ 左にねじる

肩甲骨が上がらないように注意する

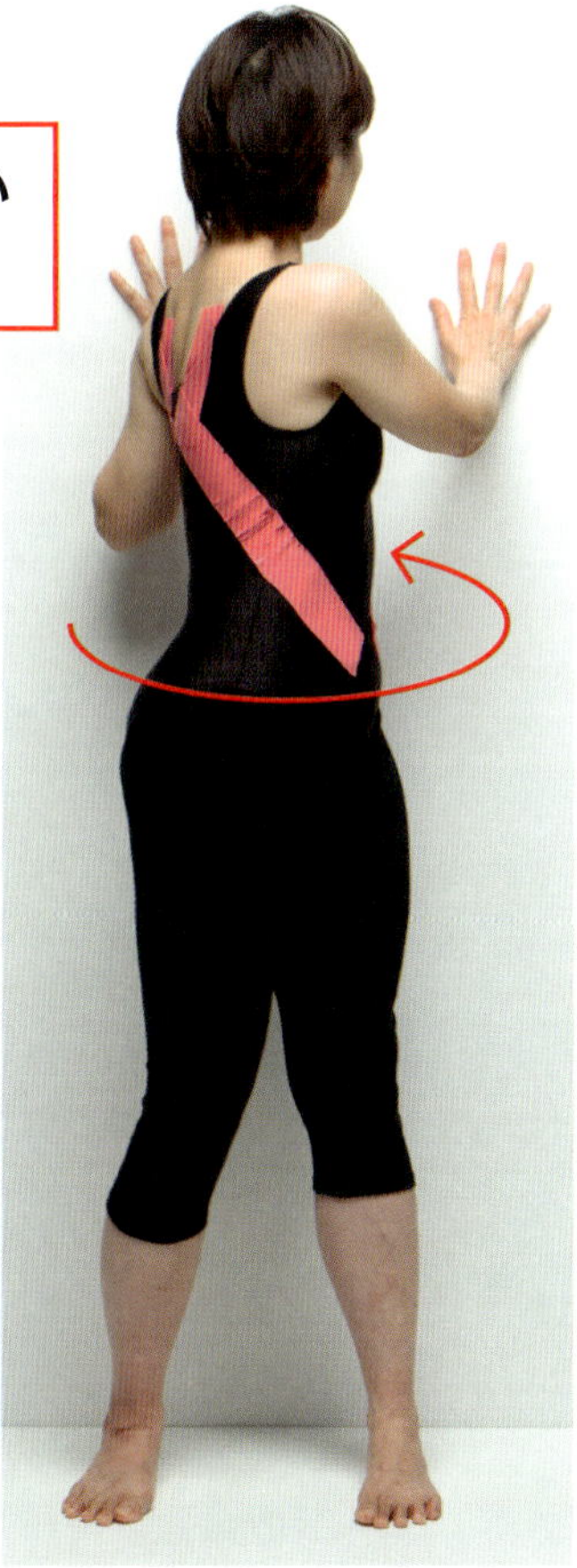

これは×

かかとが上がると効果がないわよ

顔や体が後ろに向くと、なんとなくできているような気になりますが、ここで大切なのはお腹をねじること! ねじるときにかかとが上がってしまうと、お腹をねじる効果がありません。

寝て体をねじる

寝てお腹をねじるときも、お腹を引いてやりましょう。ねじっているところに意識を向けると、お腹がぎゅっと締まって、自分の体の普段使っていない筋肉をとてもよく感じることができますよ
お腹をぐっと引いてね！

床にあお向けに寝て両ひざをつけて軽く曲げます。そのままひざを右へ倒して右手でひざを押さえます。このとき、骨盤を床に対して垂直にします。

お腹を引いて上体を左へねじり、肩甲骨を下げます。顔も左へ向けて、腕から腕のつけ根を開いていくように伸ばします。

わき腹がねじれたことを感じたらゆっくりと戻して、逆側にねじります。どちらかがねじりにくいと感じたら、ねじりにくい側をじっくりねじるといいですよ。

両ひざを
そろえたまま
おへそは
顔と反対向き
このテープの
動きに注目！
腕のつけ根を
広げる
目線は指先に
ひじを伸ばして
指先までまっすぐ
伸ばす

お腹から背中までねじれて、自分の体が絞ったタオルみたいになります

ひじを伸ばして
指先までまっすぐ伸ばす
肩甲骨を下げる
お腹を引く
両ひざは
そろえたまま

これは×

肩が浮いていると体がねじれません

肩から背中は楽にしてね。力んで肩が浮くと、ぞんぶんにねじれませんよ。

骨盤を床に垂直に立てると、おへそは体の前にくるはず。おへそが上を向いているときは、お腹がちっともねじれていません。

おへそが上を向いています！

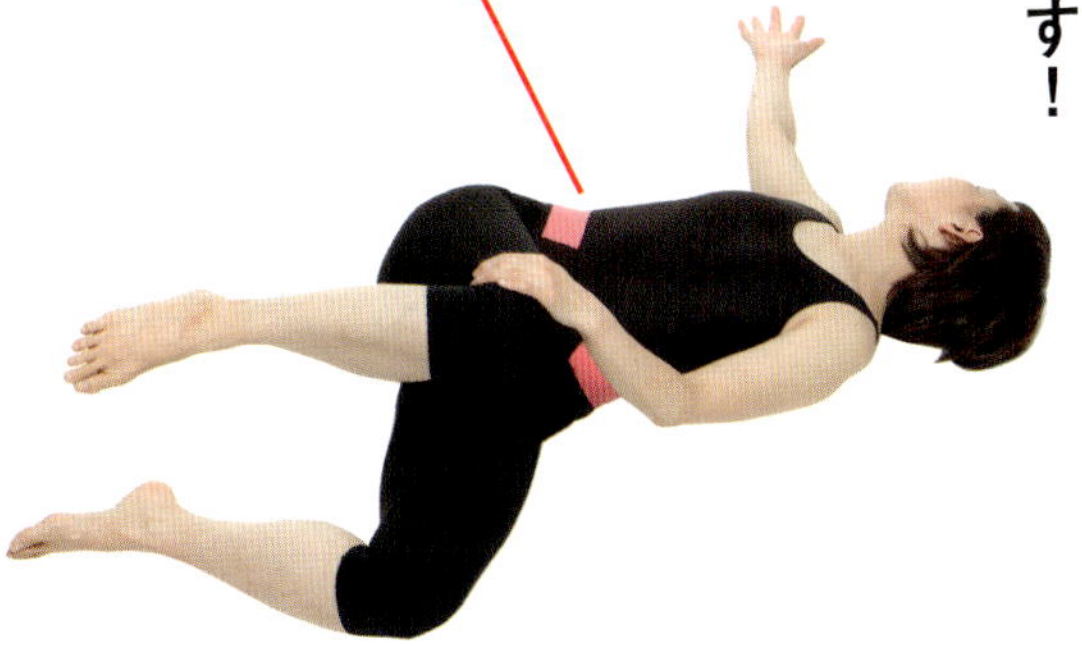

ここがポイント！
〝お腹を引く〟には、まずおしり！

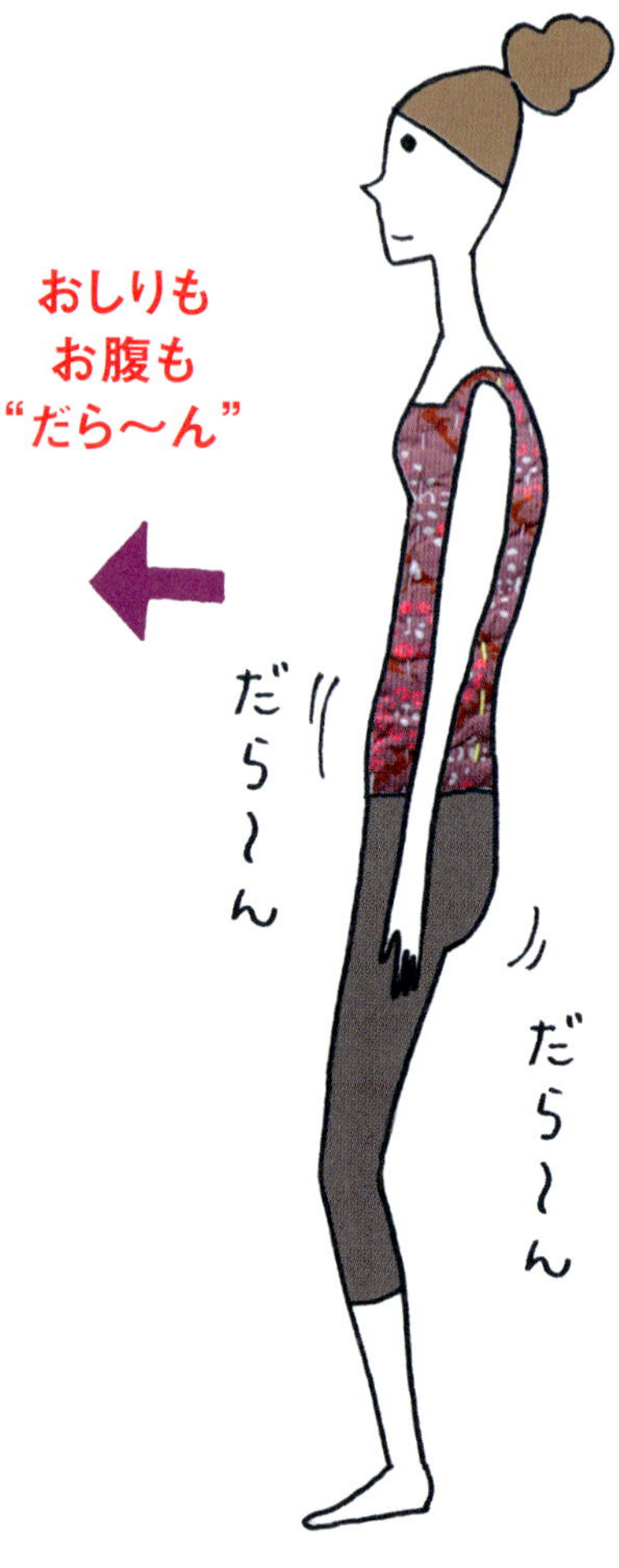

体のどこにも力を入れずに楽に立つと、お腹もおしりもだら〜んとゆるんだまんま。お腹は出っ張り放題、おしりは下がりっぱなし……。

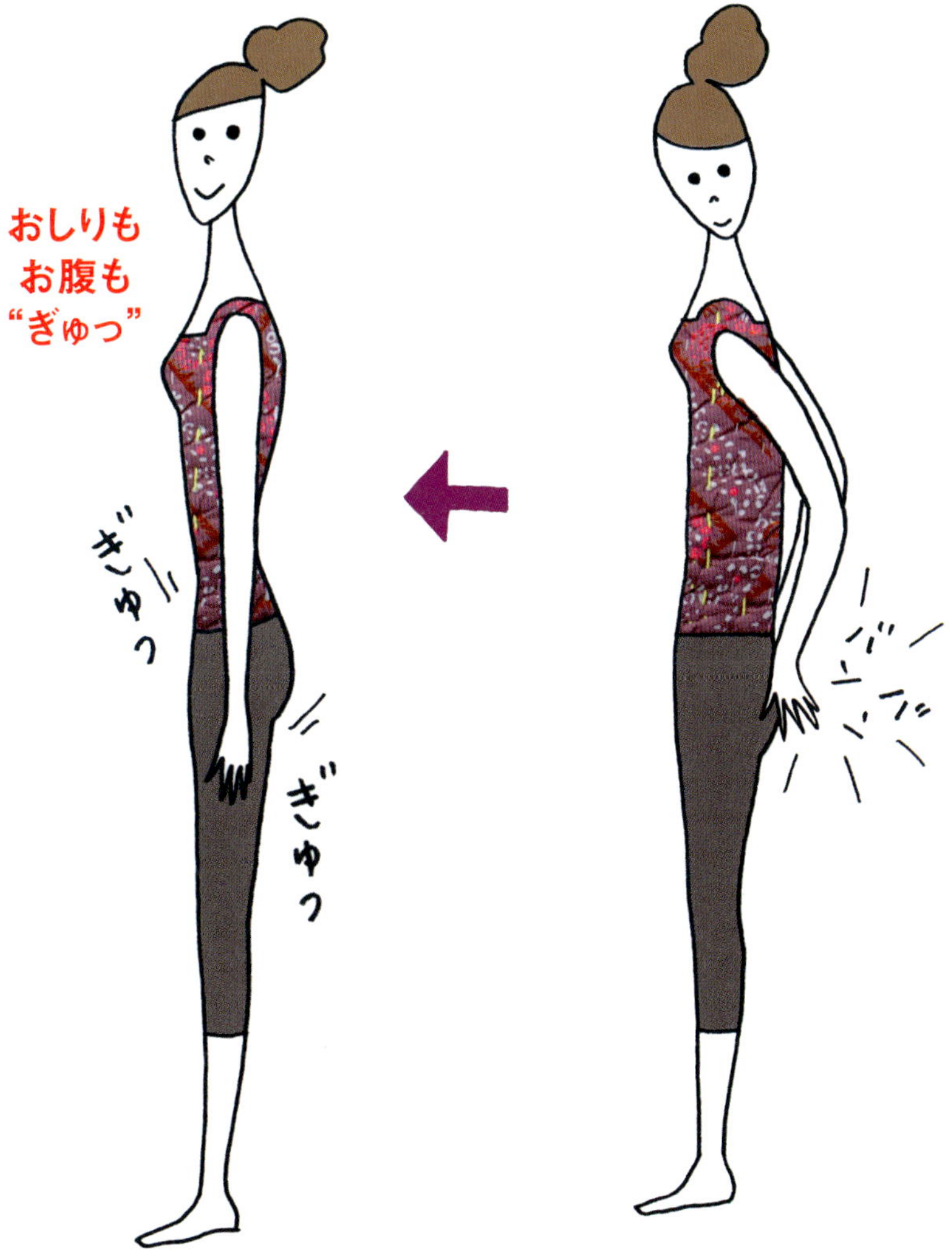

おしりに意識を向けて筋肉を寄せると、お腹が引きやすくなる! おしりに力を入れながらお腹に手を当てると、お腹がみるみる凹んでびっくり!

おしりを手でバンバンたたいて、おしりの感覚をはっきりさせる。たたきながらおしりの筋肉に力を入れて、おしりが締まって硬くなるのを手で確認。

おしりの筋肉を寄せると、お腹が引きやすくなる

ウエストがきついスカートをはくとき、お腹に力を入れてお腹を引っ込めたこと、ありますよね？　あれもお腹を引くことに変わりはないのですが、きくち体操で〝お腹を引く〟のとは少し違います。

瞬間的にお腹を引っ込めるときは、息を吸い込んでお腹を引っ込めるでしょ。すると胸も上がります。でも、この姿勢をずっと続けるのは困難ですし、このままでは息が苦しくて体操どころではありません。

私はよく「お腹とおしりは兄弟」と言うのですが、それはお腹とその後ろにあるおしりは表裏一体だからです。おしりの筋肉を意識して寄せると、お腹も意識して引きやすくなります。さらにお腹を引くと、おしりの筋肉がもっと使えてしっかり寄るし、ももやひざの筋肉にも力がつきます。これが「きくち体操」でいう〝お腹を引く〟です。

お腹を引くと、お腹が凹むのはもちろん、おしりの位置がぐっと上がって脚まで長く見えますよ。

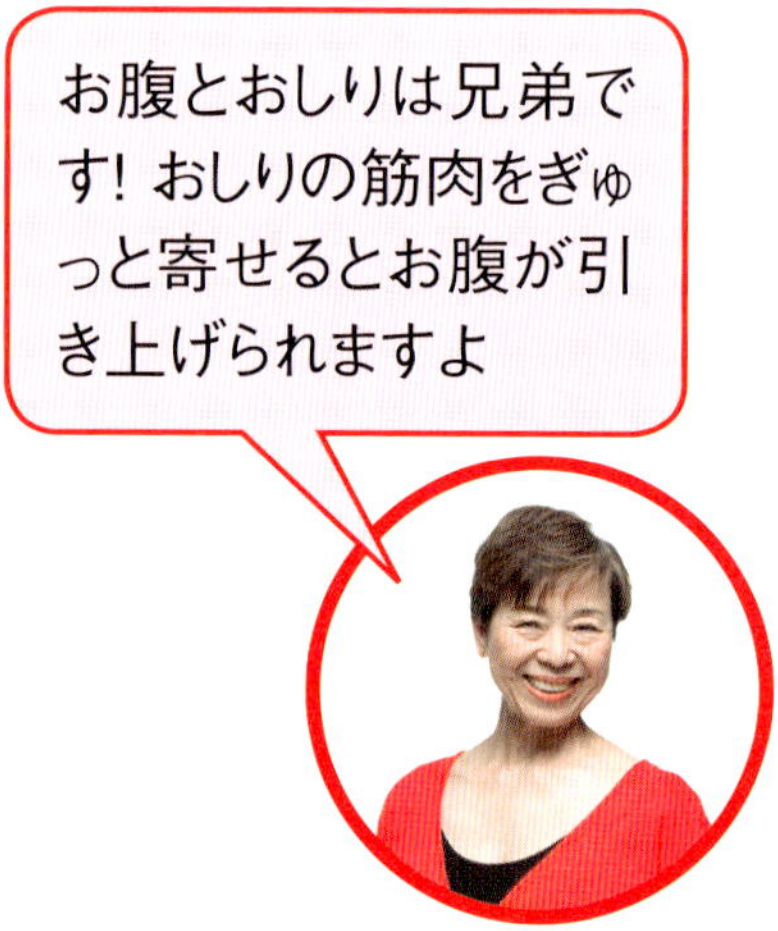
お腹とおしりは兄弟です! おしりの筋肉をぎゅっと寄せるとお腹が引き上げられますよ

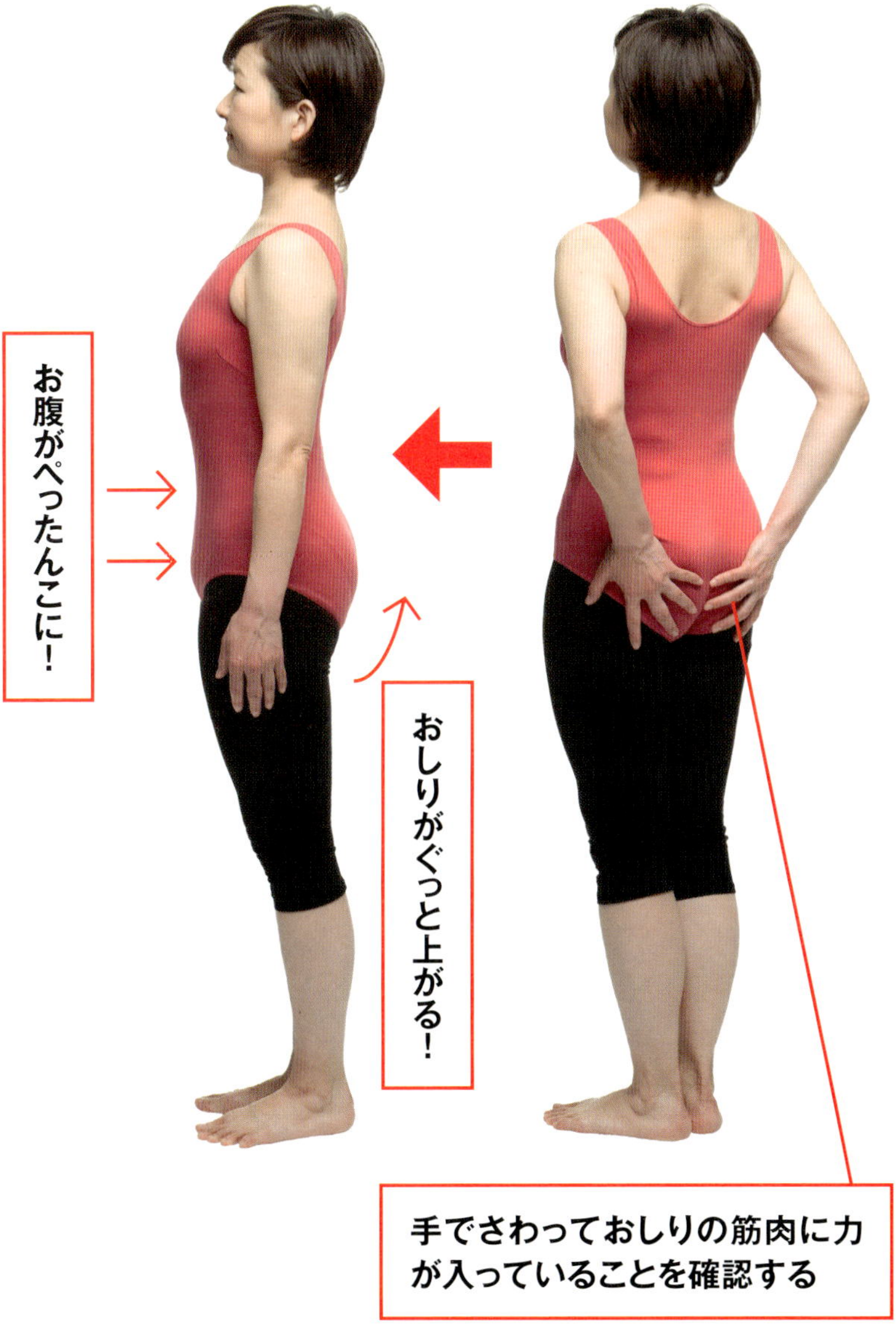
お腹がぺったんこに！
おしりがぐっと上がる！
手でさわっておしりの筋肉に力が入っていることを確認する

COLUMN

お腹をかくす洋服を選んでいませんか？

ゆったりした洋服がお腹を油断させる

かつて、裾が広がったチュニックがはやっていましたね。お腹をかくして安心していると、お腹からどんどん意識が離れていって、お腹がゆるんでしまいます。

お腹というのはあぶら身がつきやすい場所です。脂肪が厚く積もると動作が鈍くなりますよね。日頃から、私は腰やひざなどが痛い場合は、体が「ここが弱っている！　もっと意識を向けて動かして！」という信号を送ってくれているのだと話していますが、脂肪だって同じことですよ。お腹がどんどんせり出して、「動きにくいよ〜、弱ってきたよ〜、なんとかして！」と私たちに教えてくれているのです。

安心がお腹をいくらでも太らせる

ですから、「お腹が出てきたからちょっと大きめの服を買おう」とか「ゆったりしたシルエットの服でかくそう」「お腹を締めつけないローウエストのパンツをはこう」とは思わないでほしいのです。そんなふうにお腹をほったらかしてばかりいると、「まだ大丈夫！」と安心してお腹はいくらでも太っていきますよ。チュニックがはやりだした頃からお腹が太ったという人も多いのでは？

食べ過ぎるとわかるサイズがちょうどいい

食べ過ぎたらお腹のあたりが気になるくらいのものを着ていれば、しょっちゅうお腹に意識がいって、食べ過ぎなくなると思います。もちろん、お腹の感覚だってはっきりしてきて、いつでもお腹を引けるようになりますよ。

とはいえ、きついガードルなどで無理矢理お腹を締めつけてはいけません。血行が悪くなって体が冷えてしまいますし、ガードルに頼りきってしまうと、自分の大事な筋肉が弱っていってることに気づけないからです。

街を歩いていて、ショーウインドウに自分の姿が映ったときに、「私のお腹、大丈夫かしら？」と見てひと目でわかり、気になるような洋服をぜひ選んでください。

しょっちゅう自分のお腹を気にすることがお腹を凹ます第一歩ですよ。

PART3 おしりを意識する

骨盤の向きにも意識を向けよう!

「お腹とおしりは兄弟」。だから「きくち体操」で〝お腹を引く〟ときは、意識を向けておしりの筋肉をしっかり寄せるのです。お腹が引けているときは、お腹の筋肉を使っていますから、これはもう体操をするときだけでなく、いつでもどこでも意識を向けてやってほしいのです。ただし、お腹を引くときにはもうひとつ大切なことがあります。それはおしりの置き場所です。次ページのイラストを見てください。骨で見ると骨盤がおしりですよね。この骨盤の位置がとても大切です。

骨盤をまっすぐに立てるには、お腹とおしりの筋肉の力がいります。骨盤がまっすぐになる

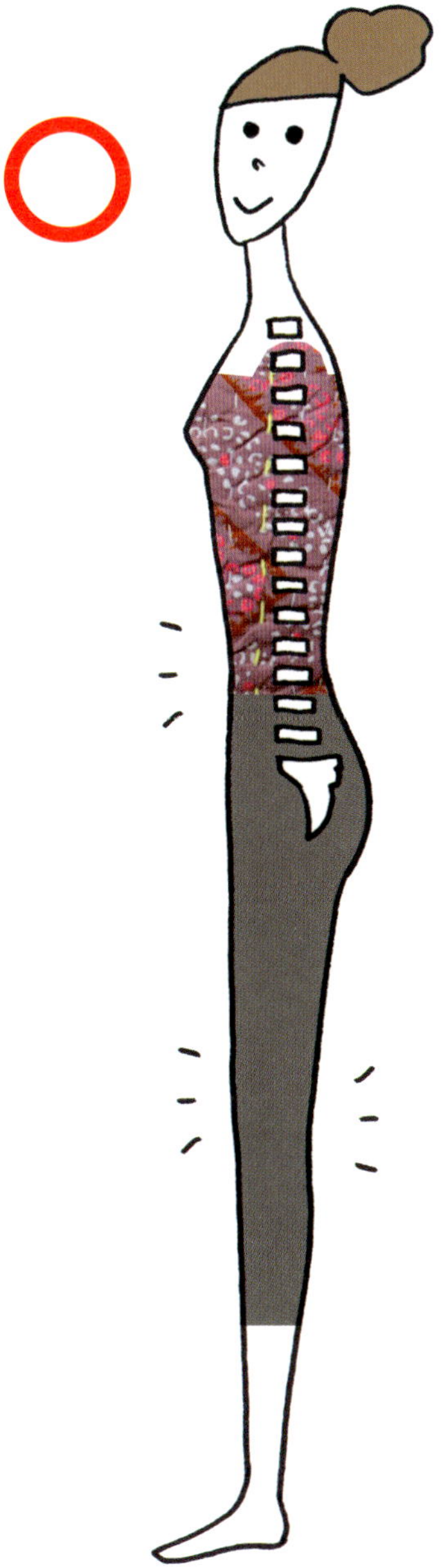

骨盤の
位置を変えると
お腹が凹む！

骨盤を立てると
お腹が
ぺったんこ

※背骨はゆるいS字のカーブを描くのが理想ですが、イラストではわかりやすくするためにまっすぐにしています。

と、背骨が理想的な形になって、お腹はぺったんこになり、おしりは後ろでぐっと上向きになります。背骨が正しい位置になるためには、それを支える筋肉であるお腹とおしりの筋肉がいるということです。ところがその筋肉が弱ると、おしりは頭の重さに押されて不安定な位置で仕事をすることになります。それが腰痛やひざ痛の原因になるのです。

おしりがお腹のために働いている

次ページ右のイラストのように胸を張って腰をそらすと、おしりを後ろに突き出す格好になりますね。勘違いをしている方が多いのですが、胸をそらす姿勢は決してよい姿勢ではありません。この姿勢でいくらおしりの筋肉を寄せても、胃のあたりは引けません。

次ページ左のイラストはひざがまっすぐに伸びていない方に多いのですが、骨盤が後ろに傾いているために上体のバランスがとれず、そのせいで背中が丸まっている姿勢です。このとき、おしりは完全に下を向いていますよ。あきらかに姿勢がよくないだけでなく、この格好ではおしりの筋肉に力が入らないし、お腹はゆるみっぱなしで下腹がぽっこりと出てしまいます。

胃のあたりも下腹も、丸ごと凹ませるには、おしりの置き場所が大切なことをわかっていただけましたか？　立っているときでも、座っているときでも、歩くときでも、寝ているとき以外はおしりの筋肉を意識するだけで、凹みますよ。

背中を丸めると?

胸を張って腰をそらすと?

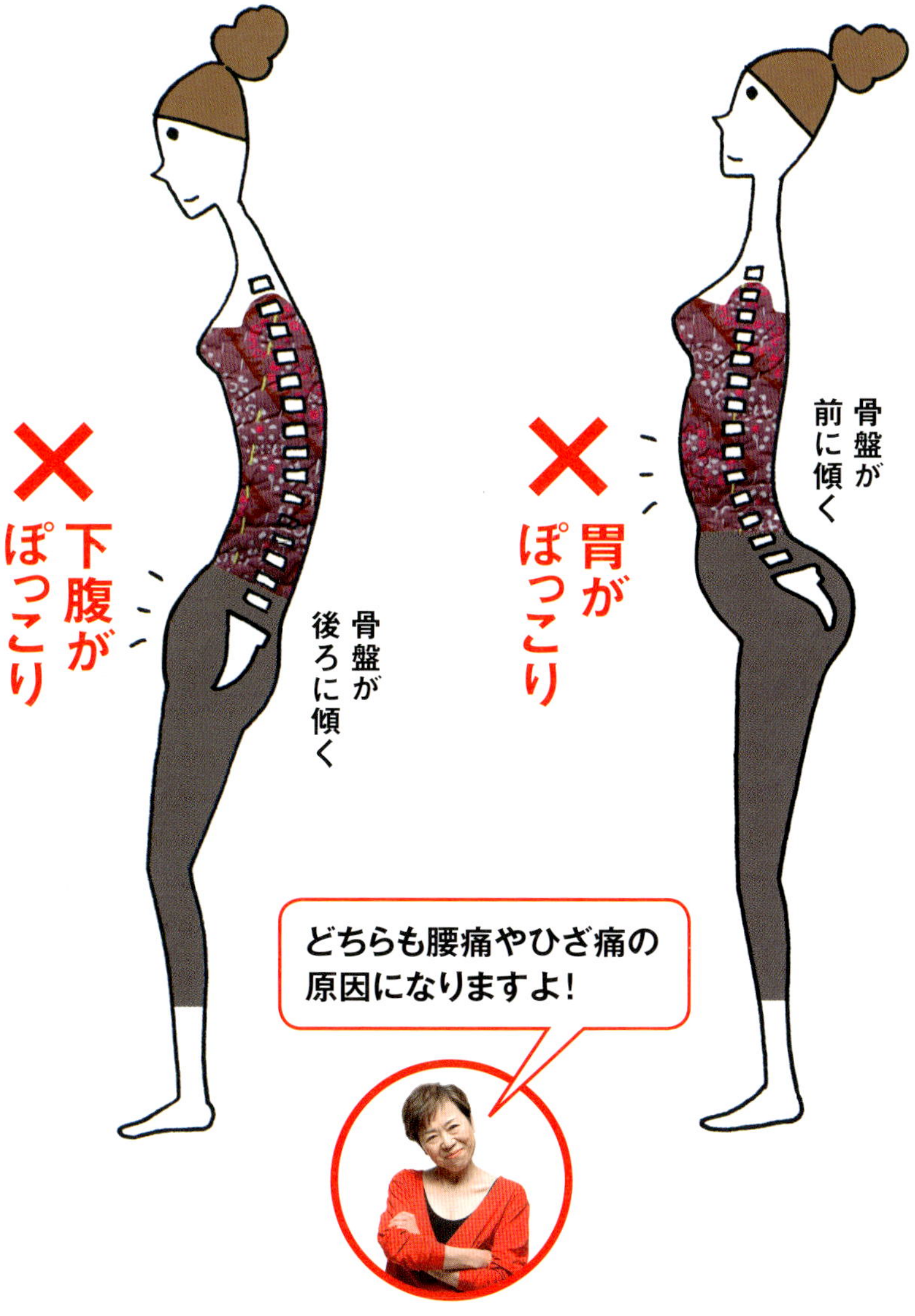

信号を待ちながら

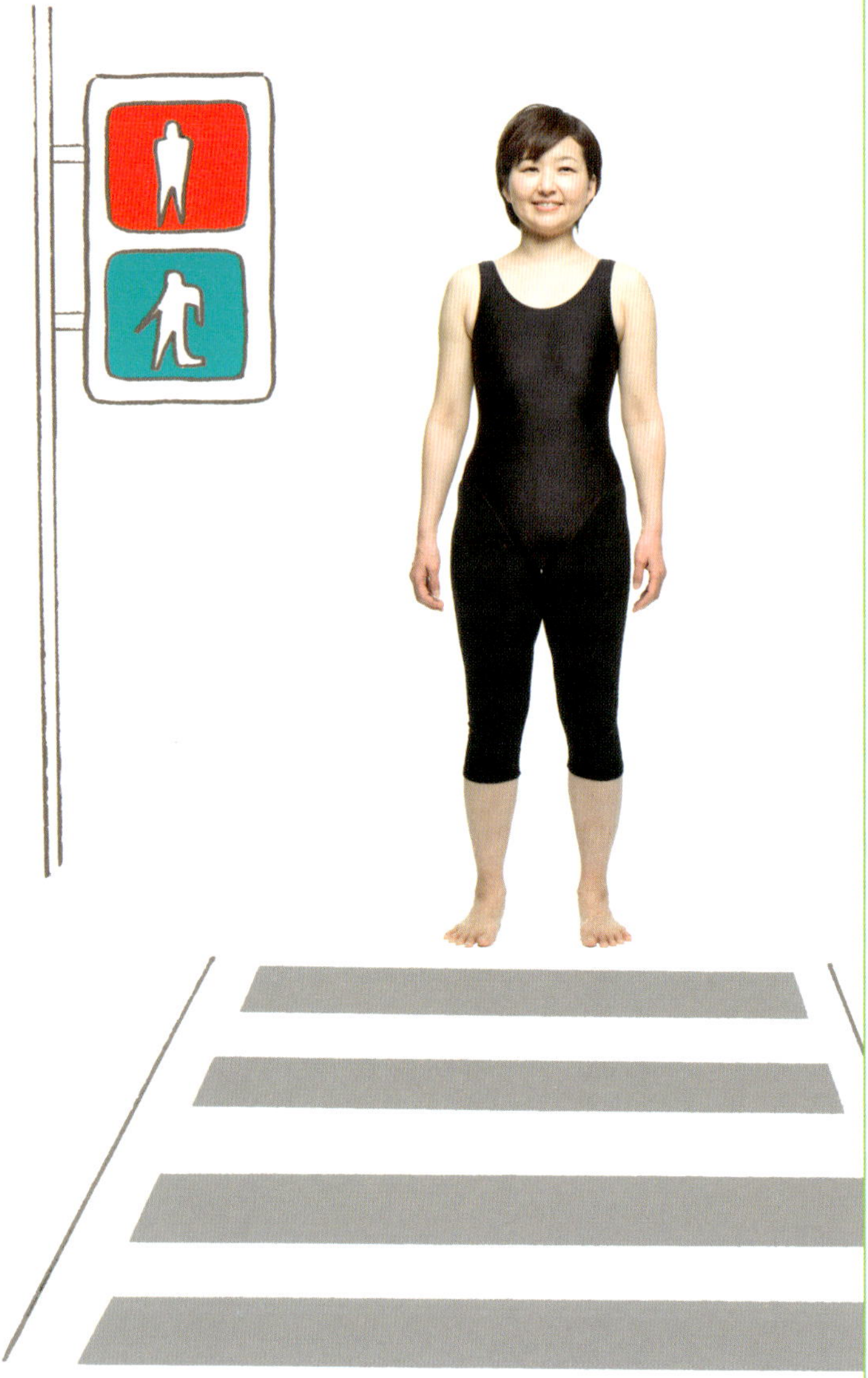

お腹を意識して立つだけでかなりの筋肉を使います

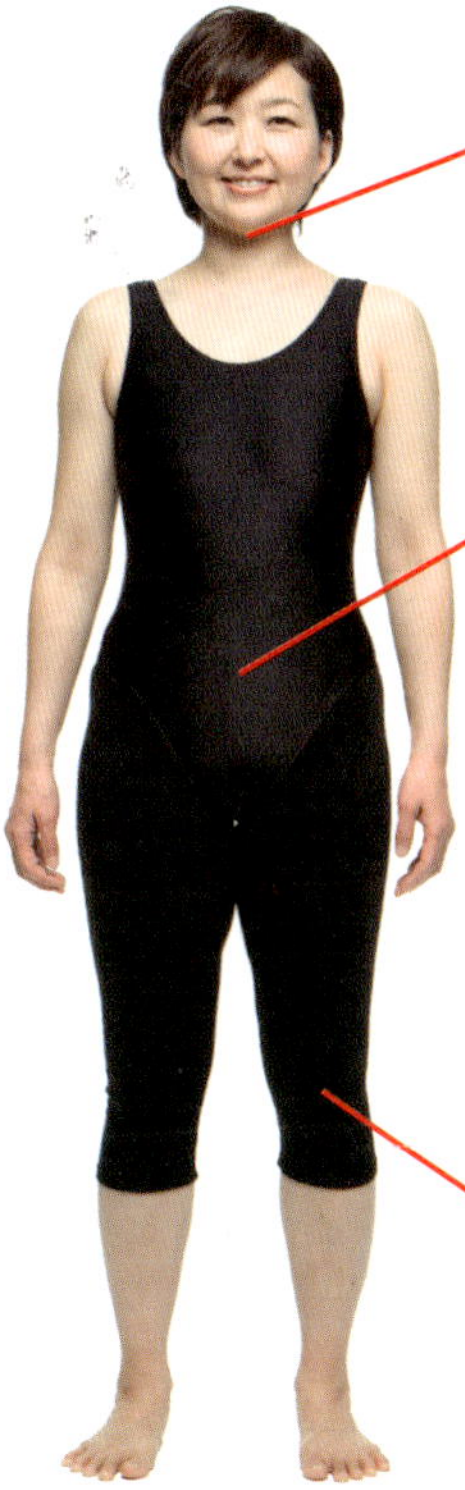
あごを引く
お腹を引く
ひざを後ろに
ぎゅっと押して
まっすぐに

ただ立っているときでも、することはたくさんあります！　まずひざのお皿を後ろに押しつけるようにしてももに力を入れて。続いておしりの筋肉を寄せるとお腹が引けます。これでもお腹が引けなければ、足の小指に力を入れて踏ん張って！　あごを引くのは首に負担をかけないため。背中は肩甲骨を下げて胸を正しい位置に、呼吸を楽に。最後に骨盤がまっすぐに立っていることを確認します。

どうです？　瞬時にこれだけのことを意識するのが、お腹を意識して立つということですよ。

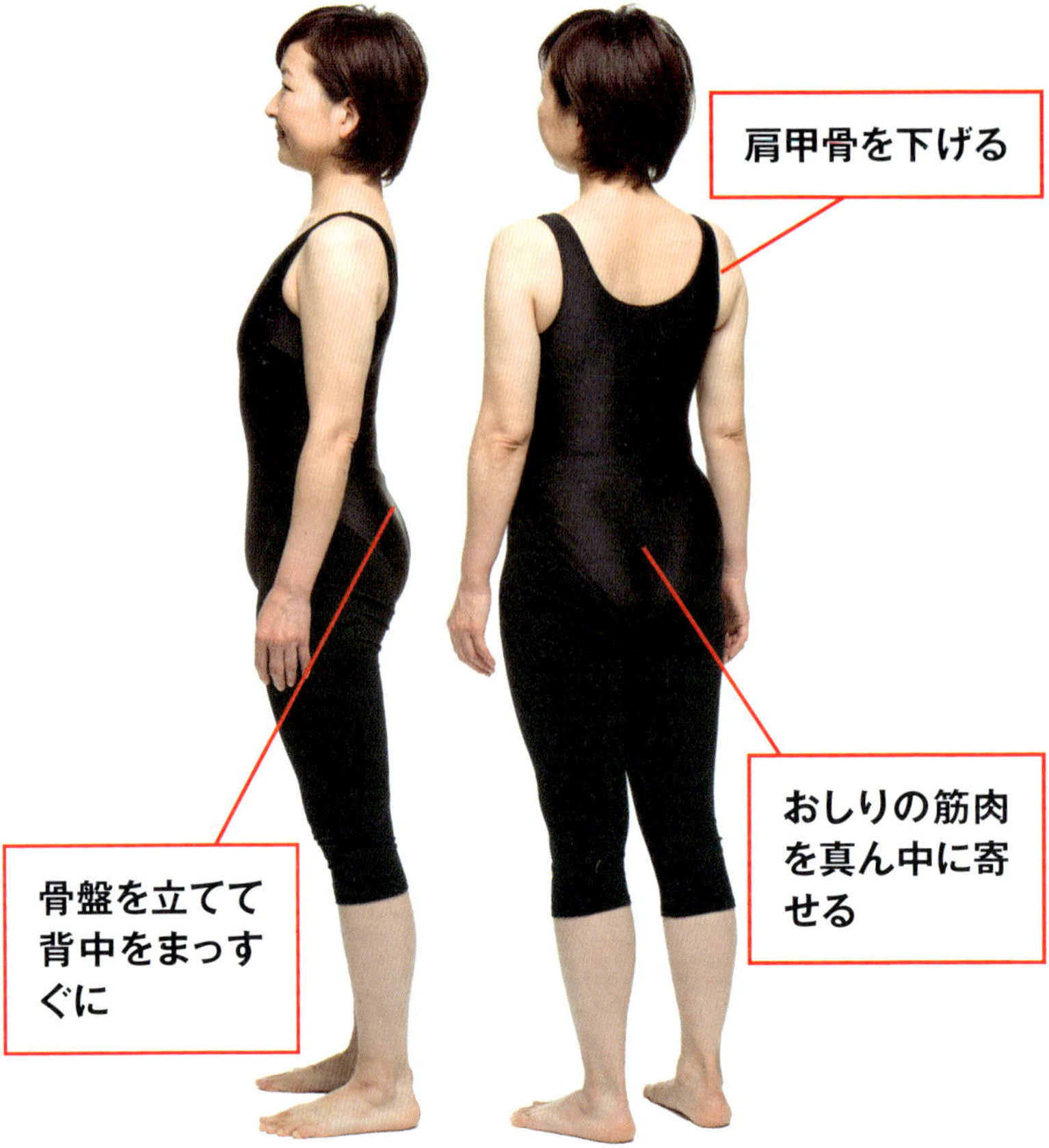
肩甲骨を下げる
おしりの筋肉を真ん中に寄せる
骨盤を立てて背中をまっすぐに

お腹を引くのがいちばん大事だけど、ここにあることに全部意識を向けられれば、体じゅうがよみがえって、腰痛やひざ痛までよくなりますよ

これは×

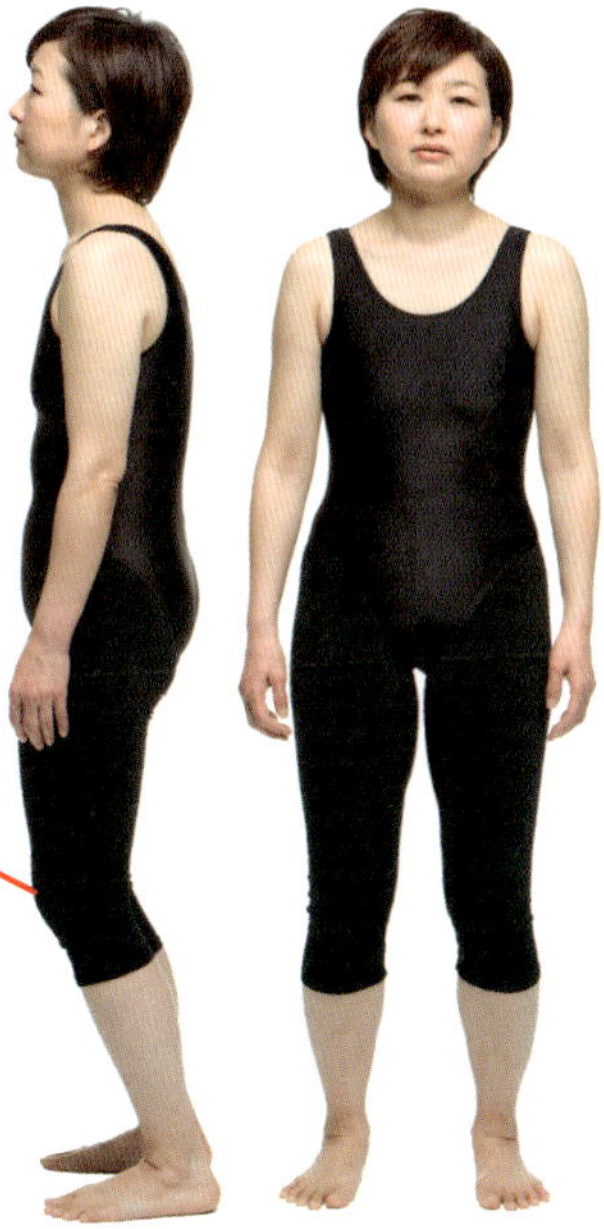

**ひざが曲がって
お腹が出てますよ!**

ひざがしっかり伸びていないと、姿勢が悪くなって、お腹に力が入りません。ひざのお皿をぎゅっと押しつけて、まっすぐに伸ばすだけで、お腹を引ける姿勢に大変身するわよ。

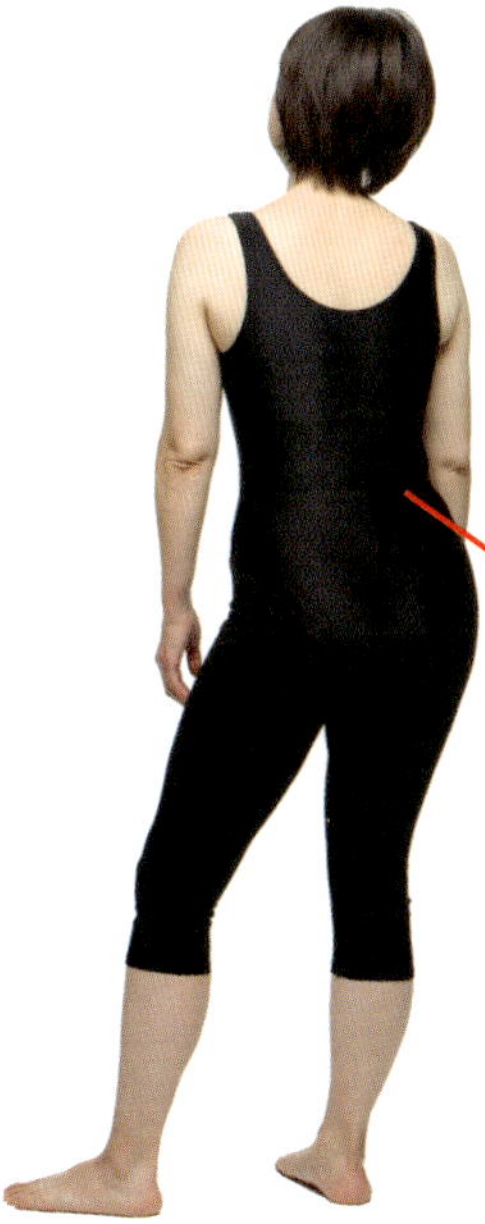

体がゆるみすぎてるわっ!!

お腹を凹ませようと思うなら、片足に重心を置くなんてもってのほか!　ひざや腰を痛めてしまいますよ。せめて両足でしっかりと立って、おしりの筋肉を寄せてお腹を引いてくださいね。

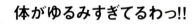

電車やバスで座りながら

まるで空気イス！
座るだけでこんなに
全身が使えると
知っていましたか？

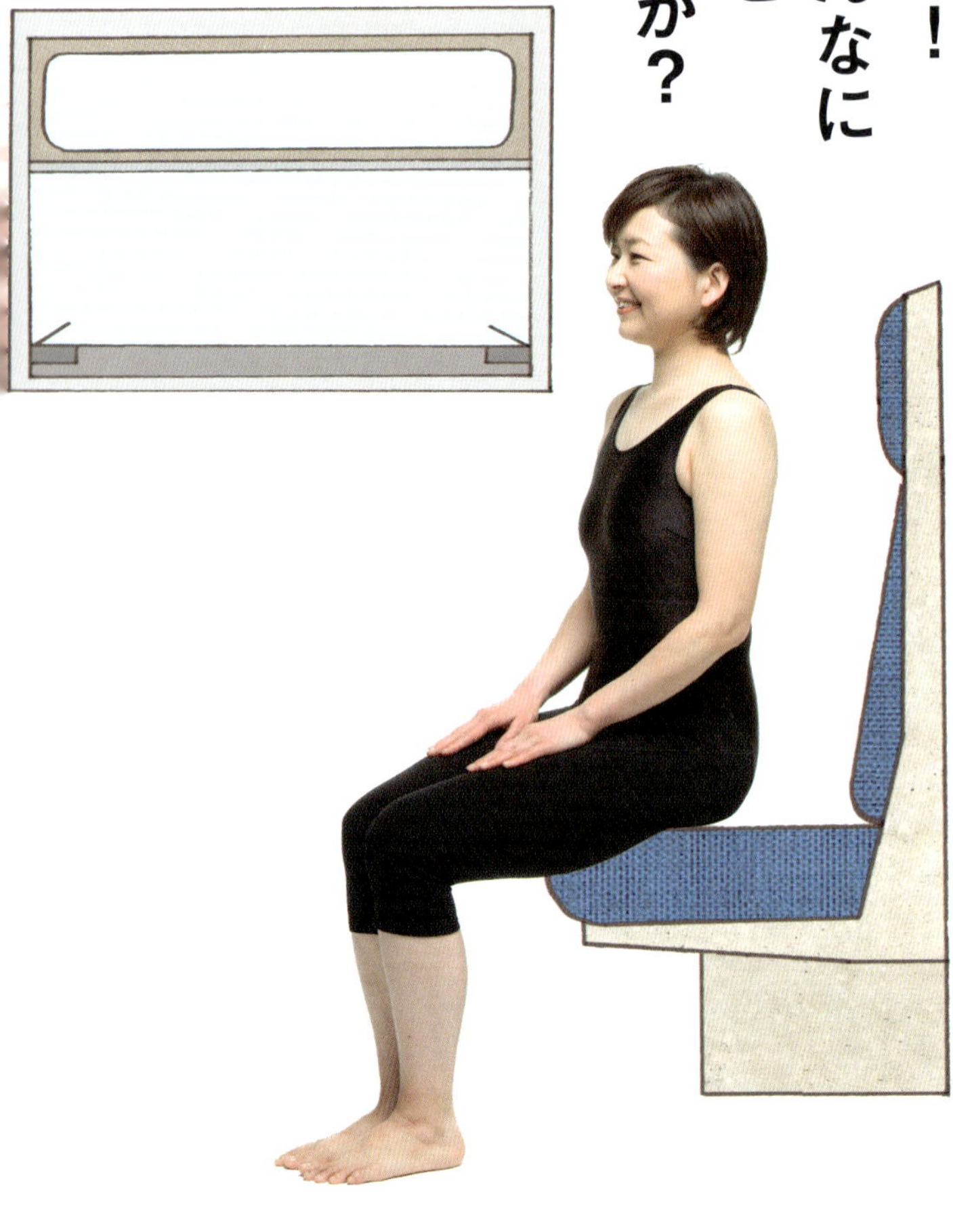

横から
浅く腰かけて背中をまっすぐに
足の裏で踏ん張る

一日の中で座っている時間って案外長いから、座るときこそお腹を凹ますチャンスです！

イスに背もたれがあっても寄りかからず、おしりをのせるのは20㎝くらいにして浅く腰かけます。それから肩甲骨を下げて胃のあたりを引き上げます。脚は両ひざをそろえて骨盤を立ててくださいね。さらに足の裏全体で踏ん張るとももに力が入るわよ。すかさずおしりを寄せて下腹もぎゅっと引いてください。

イスを後ろに下げられても座った姿勢が保てるくらいの気持ちで、自力で踏ん張れたら完ぺきよ。

正面から

おしりが横から
はみ出さないように
寄せる

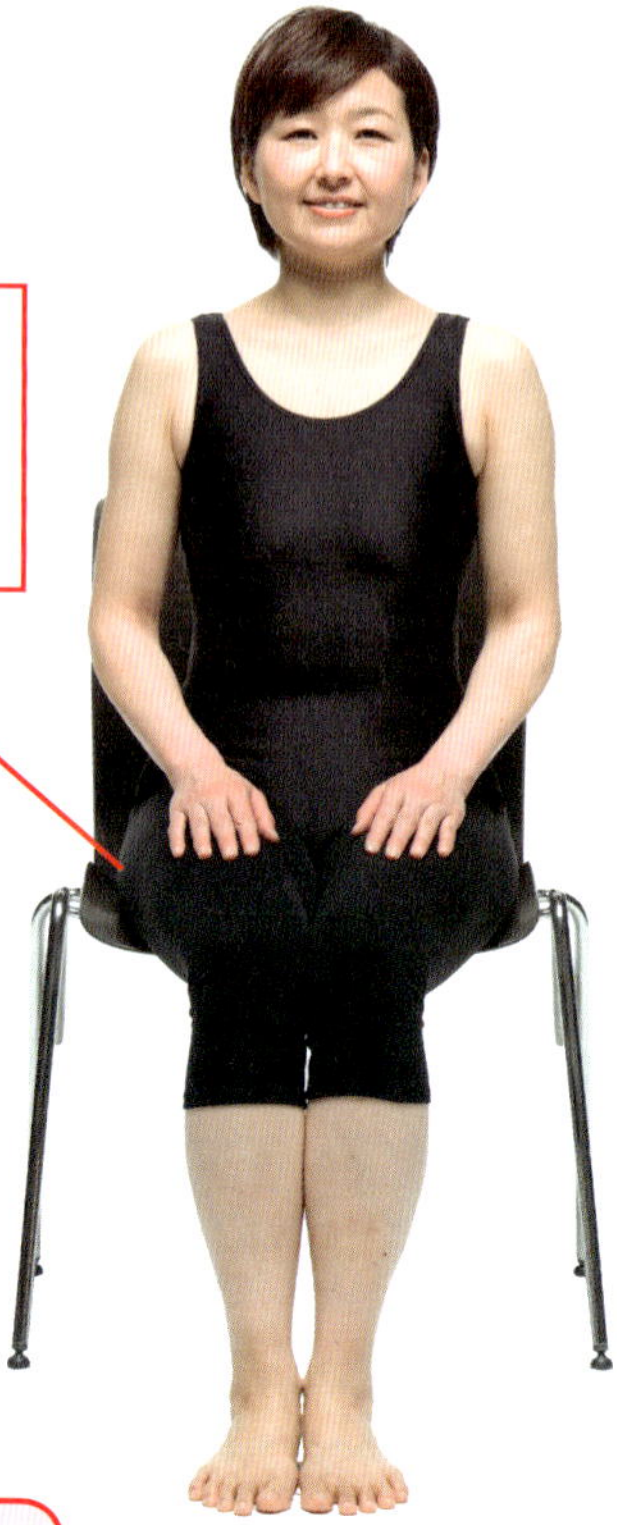

いつでもこうやって座っていれば、お腹がどんどん凹むわ(笑)。背中やももや、おしりだってキリッと引き締まるわよ

これは×

背もたれに
寄りかかったら、
お腹は出るばっかりよ！

これらの姿勢は体に対して無意識の姿勢です。日常的にこの無意識を積み重ねると、腰痛・ひざ痛以外にもいろいろな病気にかかりやすくなりますよ。足を組む場合にも意識を向けて座りましょう。

散歩をしながら

最初は難しいけど
できるところから少しずつ
積み重ねてくださいね

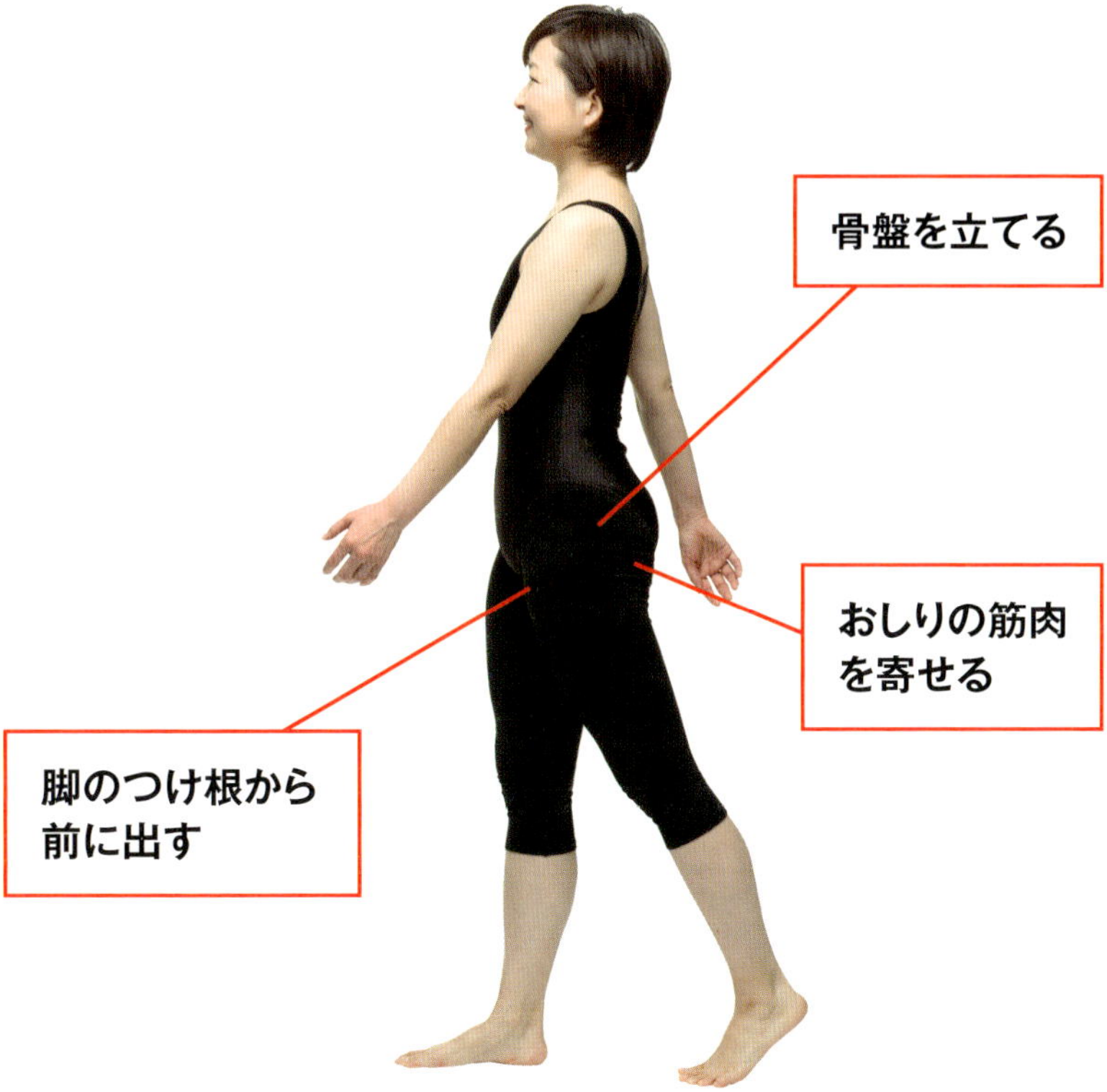

散歩をするときも、買い物をするときも、お腹を意識するとお腹が凹むうえに、見違えるほど姿勢がよくなります。

体に意識を向けておしりの筋肉を寄せてお腹を引いたら、脚のつけ根から大きく一歩前に出して、おしりの筋肉を使っていることを感じながら歩きます。足の指で地面をつかむようなつもりで足の裏の全体で歩いてね。

慣れてきたら肩にも意識を向けて肩甲骨を下げると、下腹だけでなく、胃までつながるお腹全体が締まります。

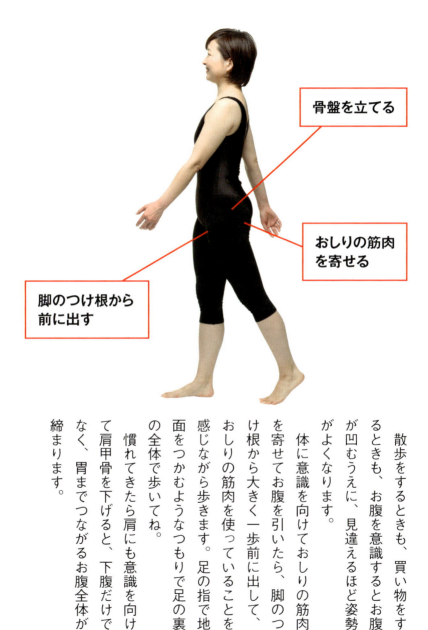

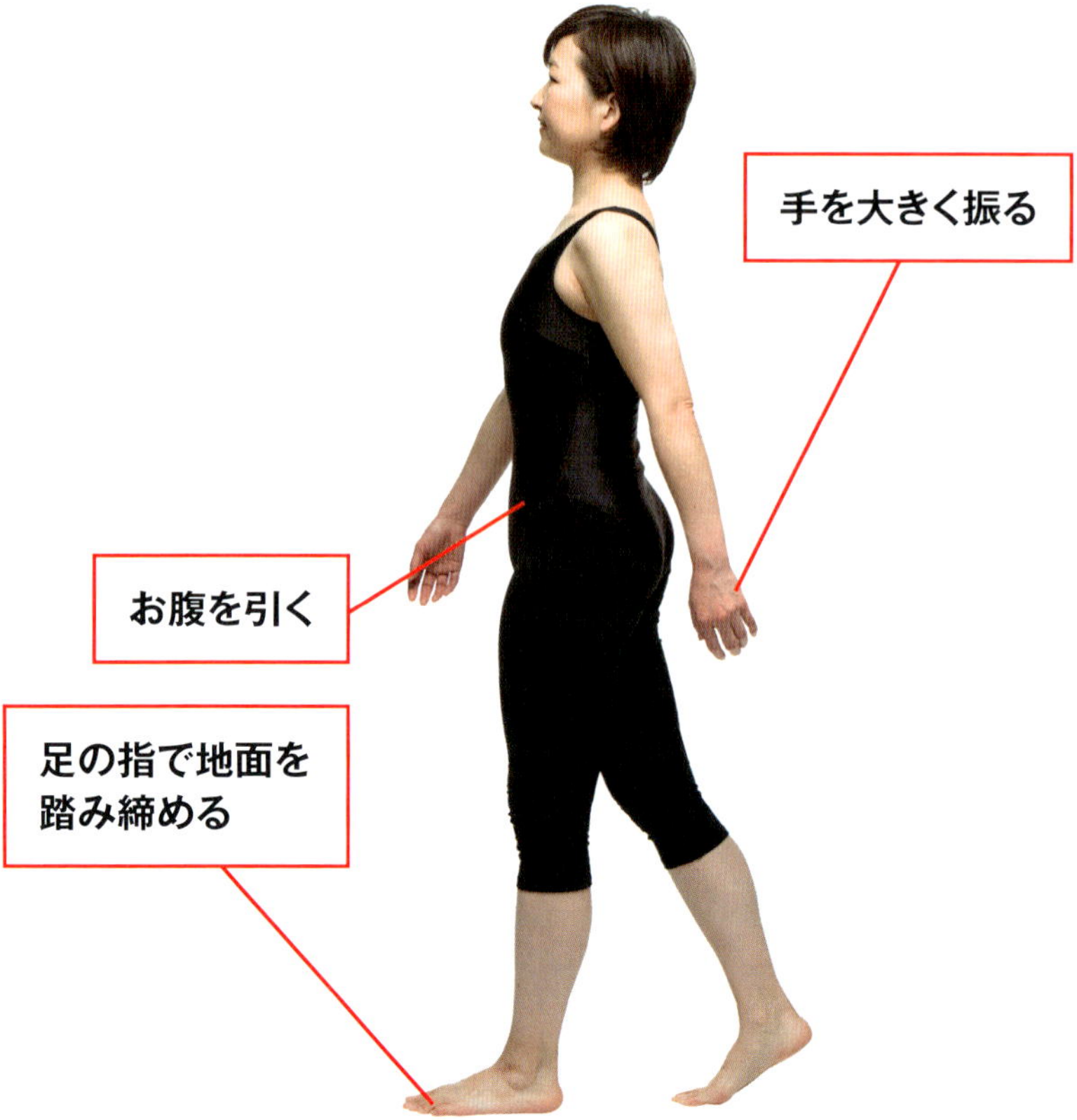

足の指、脚、お腹、背中まで意識を向けて歩くと、自然に一歩が大きくなってさっそうと歩けるはずよ。無意識では体は美しくなりません

これは✕

前かがみになるとひざが曲がります

背中が丸まるとまっすぐに立てなくなりますよ。それで必死にバランスを保とうとしてひざが曲がり、お腹も出ます。どこかが曲がると、体のあちこちが曲がることを覚えておいてね。

胸を張ると腰痛を起こしますよ

この横姿を見て「姿勢がいいわ～」と思ってはダメ。胸を前に突き出すと、腰がそって腰痛の原因になります。胃から下腹までを引けば体に負担がかからない姿勢になりますよ。

テレビを見ながら

初心者向け

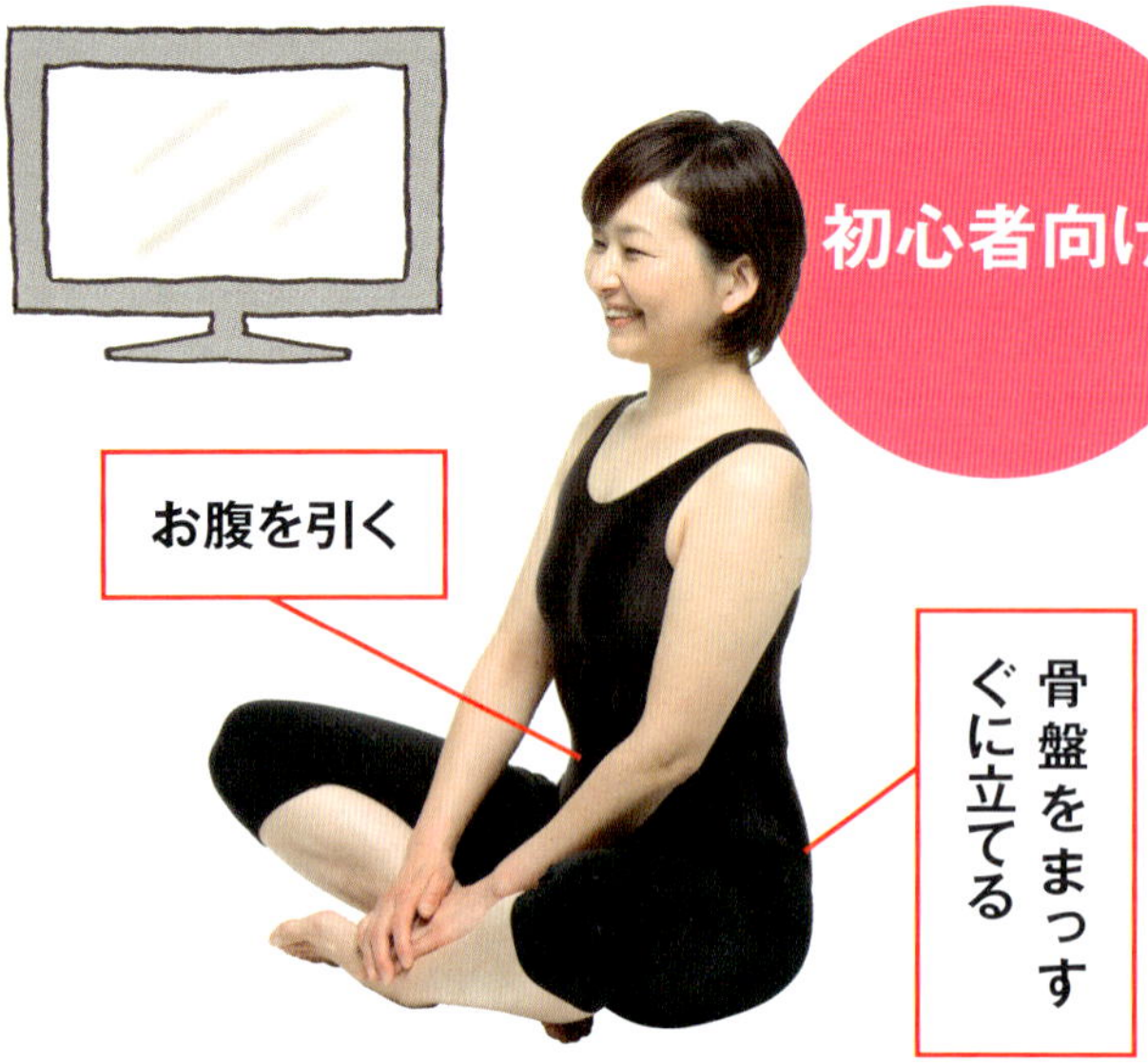

気を抜いて床に座ると、お腹は自然と段腹になってしまいます

床に座るときもイスに座るときと同様に、意識を向けて骨盤をまっすぐに立てることが大事です。骨盤が後ろに倒れると、お腹がぐにゃっと曲がっておへそが埋まりますよ。

あぐらをかくときは、とにかく骨盤をまっすぐに立てます。これだけで下腹が引けますが、さらに肩甲骨を下げて胃を引き上げると、お腹全体の筋肉が使えます。まず

ちょっと上級
肩甲骨を下げる
お腹を引く
ももの筋肉を使う
おしりの筋肉を寄せる

無意識で過ごしていることを意識して過ごすようにする。たったこれだけのことが大きな違いを生みますよ!

はあぐらをかいて腰をまっすぐにする感覚を覚えてください。

腰をまっすぐに立てる感覚がつかめてきたら、脚を前に投げ出して、ももの筋肉を使って下腹をぐっと引いてください。このときは骨盤を立てることはもちろん、ももの筋肉を使うことが大事です。

ももの筋肉に力がつくと、おしりの筋肉に力が入りやすくなりますよ。おしりが横にはみ出していたら、手で後ろに移動させるともっとももの感覚がはっきりして、完ぺきです。

新聞を読みながら

かかとで
支えない
脚のつけ根から
上体を倒す
ひざの内側を
床に下ろそうとする

床に座って新聞を読むときは、脚に力をつけるチャンスです。脚は、重たい頭やお腹、おしりの筋肉を支えている大事な場所。特にももに力がないとおしりに力を入れることができず、お腹を引けません。

　脚を無理のない範囲で開き、ひざの内側を床に下ろそうと思ってください。自然と骨盤がまっすぐになります。床に置いた新聞を読

これは×

骨盤を後ろに倒すとお腹がゆるみますよ!

骨盤が後ろに倒れたままで前かがみになると、お腹がゆるんでしまって、お腹を引くどころではなくなります。お腹と太ももの筋力が弱いと、こんな格好になります。

脚のつけ根を軸にして体を前に倒すと、つけ根の内側に緊張感が走ります

むときは、頭を下げず、脚のつけ根から上体を倒すようにして読みましょう。

たくさん開こうと思わないこと。ひざの内側、ももの内側、脚のつけ根に意識を向けることが大事です。肩甲骨を下げて、使っている筋肉を感じとりましょう

おわりに

お腹を凹ますには、まず自分の体を知ることです

体の中で、命に直結する大切な場所は？というと、〝心臓〟を思い浮かべる方が多いと思いますが、私は〝お腹〟がもっとも大切な、生命の源にあたる場所だと思っています。それは50年の間、生徒の皆さんの体をさわり続けて教わったことです。腸が弱って栄養を吸収できなければ心臓だって働けないし、お腹の筋肉が弱ると腰も支えられない、手足も弱る。重い頭も持ち上げることができなくなる。お腹は生きることの根源の場所なのだと私は学びました。だか

らこそ、毎日お腹から気を離さないで動かし、その動かしている筋肉、そして臓器の一つひとつにも思いをかけて生活をしていくことが必要なのだと思っています。

「きくち体操」の生徒の皆さんを見ても、顔色が悪く元気がない方は、たいてい胃腸の調子が悪いのです。想像してみてください。お腹の中にある長い腸が、しっかり全部元気よく働いていることを。どれほど全身が活気づくことか。お腹はそんな場所なのです。

『つかむだけ！　みるみるお腹が凹む　きくち体操』をやってみて、自分で思っていたよりもお腹に無駄な脂肪がついていたとか、お腹を凹ませようとしたら太ももが筋肉痛になったとか、おしりの筋肉を寄せたらお腹が凹んで驚いたなど、表面的なことでもあなたの体の変化に気づくことができれば、そこから自分の体を育てる作業のはじまりになります。体はあなたの命ですから、自分の体を知る作業をすることは、あなたが命を守ることにつながるのです。

意識して動かすことで美しい体をつくる

最初はお腹だけ凹ませたいと思ってこの本を手に取られた方も、自分の体に意識を向けて動かしていくうちに、よくなっていく体のほかの部分に気がついたり、弱らせてしまっていた部分を見つけたりと、思ってもいなかった自分自身を見つめる時間を持てたのではないでしょうか。実はその行為を「きくち体操」というのです。すなわち、自分にしか感じとることができない、自分にしかわからない、自分にしかよくしていくことができない、たったひとつのあなたの命、それに向き合う作業を「きくち体操」というのです。

このことに気がつくと、もっともっと自分の体をよくしていきたいという思いが深くなり、意識を向けて動かすたびにその思いと体がひとつになって、あなたのお腹も凹むし、内臓もしっかり働き出します。あなたの体はよくする方向に仕事をしはじめて、お腹だけでなく、全身が細胞レベルで自分から生きようとするのです。その結果、生き生きと美しい体になっていくのです。

生きるということは、体に愛情をかけること

どんなに細くても、細胞の一つひとつがしっかりと仕事をして生き生きとしていない体は決して美しくは見えません。ただ細いだけです。その結果、若いのに体の不調を訴える人が増えてきているのです。

以前、20代の女性が教室にやってきました。病院で腸が老化していると診断されたというのです。20代で腸が老化したなんて信じられないことですが、私には見当がつきました。私たちの体は、使っていないところは働かなくなり衰えていきます。もちろん腸も同じです。彼女の場合は腸を働かさなくても消化できるようなものばかりを食べていたか、あるいはダイエット

のために食べなかったのか、そのせいで腸が機能しなくなって衰えてしまったのでしょう。

体は常に仕事をしています。あなたを生かすために全部が一丸となって働いています。産毛の一本だって役目があって仕事をしているのです。順調に働いていれば体調がよいのですが、あなたが体をほったらかしにした生活を続けていると、その結果、体に働かない場所ができてきます。すると調子が悪くなり、それを「病気」だと思って病院に行き、薬をもらうことになります。

楽をすることで失うものはすごく多いわよ

そして、体の中の仕事をしていない場所を薬に仕事をするように仕向けてもらうのです。

でも、きくち体操の教室に来る生徒の皆さんは、自分に意識を向けて動かしながら「私が働かせていないかったので、病気といわれている症状になった」ことに気づけるのです。体がちゃんと働いてくれるように、お腹やももに意識を向けてつかんだり、足の裏をさわったりしています。どんな状態だって、自分でするしかないのです。

きくち体操は「できるできない」ではありません。「自分でやるかやらないか」だけです。この体でしか生きようがないのですから、体じゅうがしっかりと仕事をするだけの筋肉を自分で動かして育て、自分で体じゅうに血液をめぐらせる。こうしてどの部分もしっかり働いてくれるように自分で仕向けていくのです。ちゃんと働いている場所は生きています。この体はどれほど手をかけたって、足りないほど。それほどの価値があるということです。あなたの体は宇宙でたったひとつの存在なのですよ。どうして粗末にできますか。

一日に何回でも、気がついたときに意識を向けて動かしてください。無理して鍛えるのではなく、一つひとつを大切に育てていくことです。人と比べるのではなく、自分自身をよく見て、今日は元気か、ちゃんと働いてくれているかと自分の体と対話をしながら、探りながら動かすのです。

それから、食べ物にも気を使わなければいけません。私たちは食べたもので生きていますの

で、自分がちゃんと元気で生きていくために必要な食べ物を選ばなければダメです。そのための知識は必要です。どんなにマスコミが、○○のスイーツは格別などと騒いでも、それとあなたの体を守っていく食べ物は違うということを知ってください。

きくち体操で自分から離れず最後まで生き抜く!

生きるということはこんなふうにさまざまに努力がいります。努力をするから自分の命を守っていけるのです。努力をすることで、美しい体でどこにも不調がなくて、気持ちに思いやりがあって、いつも生き生きと生きていけるのです。

反対に、楽していると不平、不満が出てきます。努力は面倒で嫌なものだというイメージがありますが、努力をしないで楽を選ぶと幸せにはなれないのです。私は長く生きてきましたので、それがよくわかるようになりました。

努力すれば感謝して前に進めます。努力をすると、今自分が幸せだということに気づけるようになります。そして、幸せを感じながら人生を歩んでいけるのです。自分に向かって命を育む作業に努力を惜しまないことが、あなたの命を守るために本当に大切なのです。

今、かつての倍の年齢を生きる時代になりました。年をとってからの長い後半の人生をどう健康で生きるか。私は、自分の体を信じて、意識を向けて動かして、自分のすべてを働かせるよう努力するしかないと思うのです。弱ってきたところに気を配り、気持ちをかけてちゃんと働かせていけば、きちんと最後まで使いきって終われると確信しています。

動かすということは生きることです。「きくち体操」で体を動かすことは、自分の命を獲得していく作業にほかなりません。

「できるできない」ではなく、「自分でやるかやらないか」だけです

菊池和子

Kazuko Kikuchi

1934年生まれ。日本女子体育短期大学卒業。体育教師を経て「きくち体操」を創始。川崎本部のほか、東京、神奈川などの教室、カルチャースクールなどで指導を行う。体と心、脳とのつながりに着目した“いのちの体操”は、性別・年齢を問わず多くの支持を得ている。日本ペンクラブ会員。著書は『あぶら身がすっきり取れるきくち体操』（KADOKAWA／角川マガジンズ）、『はじめての「きくち体操」』（講談社）、『寝たままできる! 体がよみがえる!! きくち体操』『足の裏を刺激して一生歩ける体になる! きくち体操』『死ぬまで歩ける足腰は「らくスクワット」で作りなさい』（以上、宝島社）など。

http://kikuchi-taisou.com

本書は2011年に小社より刊行した『TJMOOK　お腹が凹む! きくち体操』を一部改訂し書籍化したものです。

カバーデザイン／藤牧朝子
DTP／株式会社ユニオンワークス
取材・文／黒川ともこ
撮影／鍋島徳恭
イラスト／花モト・トモコ
ヘアメイク／久保りえ（+nine）
スタイリング／草間智子（office DUE）
モデル／齋藤るり子

つかむだけ!
みるみるお腹が凹む
きくち体操

2019年5月29日第1刷発行

著　者　菊池和子
発行人　蓮見清一
発行所　株式会社宝島社
〒102-8388
東京都千代田区一番町25番地
電話　営業　03-3234-4621
　　　編集　03-3239-0927
https://tkj.jp
印刷・製本　株式会社光邦

Printed in Japan
ISBN 978-4-8002-9514-9

「きくち体操」シリーズ 大好評既刊!

物忘れ・認知症を撃退!
脳がよみがえる きくち体操

“いのちの体操”のキモがわかる

手を握る・開く、足首を回す……無意識のうちにできる簡単な動作を「脳を使って」丁寧に行うことで、脳を活性化しましょう!

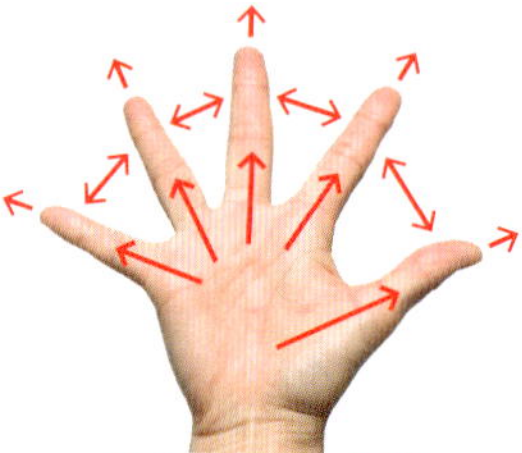

手の指を思い切り開いてみましょう

定価:本体1200円+税

死ぬまで歩ける足腰は
「らくスクワット」で作りなさい

イスに座ってor寝たままでもできる!

肩・腰・ひざの痛みが消える!

「死ぬまで歩ける」をかなえるにはスクワットが最適。正しく行えば、1日1回でOK! 今すぐ始めて寝たきり知らずに!

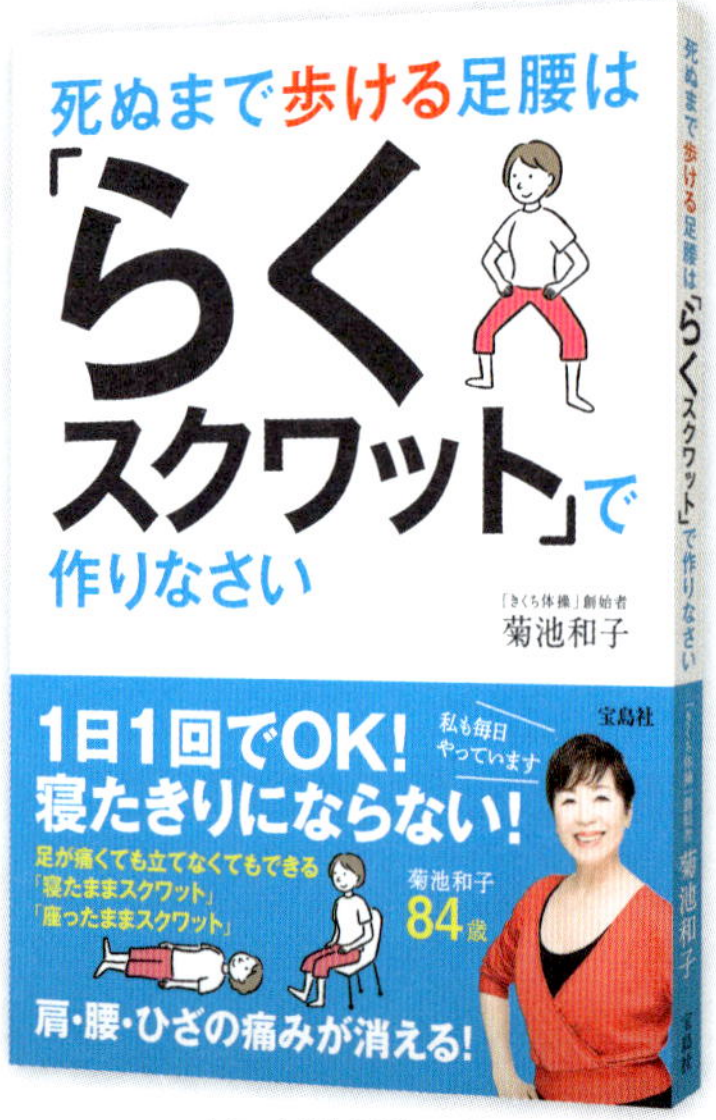

定価:本体1200円+税

宝島チャンネルで。 宝島社 検索

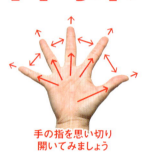

「梅ズバ」初の公式本！ 番組で大反響の体操が一冊に！

TJ MOOK

梅沢富美男のズバッと聞きます！ きくち体操スペシャル

定価：本体890円＋税

「死ぬまで自分で歩き、自立して生きる体」を手に入れる！

「きくち体操で
義母が歩けるようになった」
梅沢富美男も大絶賛！

肩こり・腰痛対策から
認知症予防、
姿勢改善まで！

巻頭には二人のスペシャル対談＆グラビアも！

「きくち体操」創始者
菊池和子 85歳

綴じ込み付録

見えるところに貼って
欠かさずチェック！

毎日きくち体操ポスター

フジテレビ系
毎週水曜日 22時～
放送中！

宝島社　お求めは書店、公式直販サイト・宝島チャンネルで。　宝島社　検索　好評発売中！